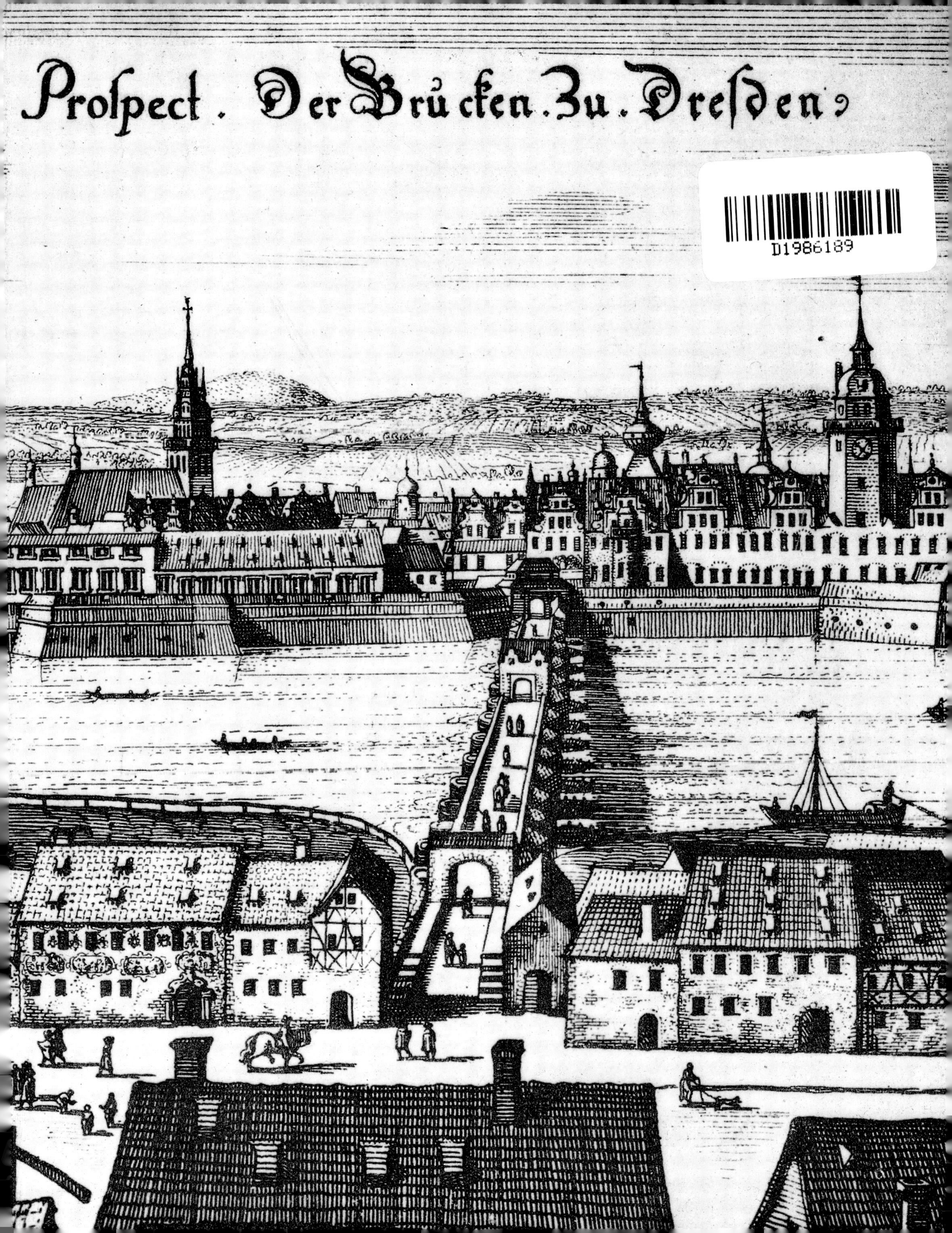
Prospect. Der Brücken. Zu. Dresden.

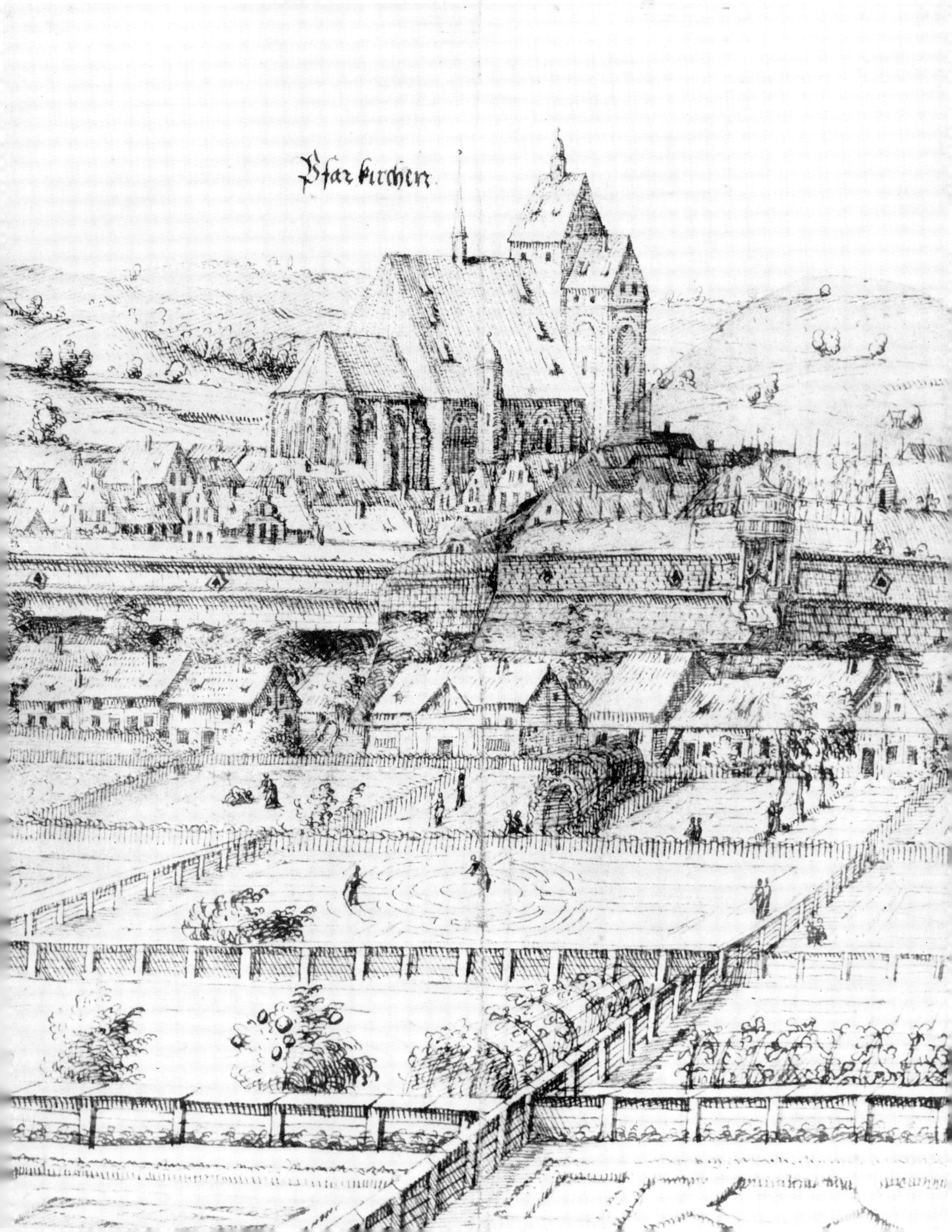
Pfar kirchen

Karlheinz Blaschke
Gerhard Arnhardt
Hans John
Matthias Herrmann

DRESDEN

KREUZKIRCHE
KREUZSCHULE
KREUZCHOR

Musikalische und
humanistische
Tradition in 775 Jahren

Koordination:
Cay Friemuth

Redaktion und Bilddokumentation:
Birgit Tragsdorf

Gesamtgestaltung:
Albrecht Ehnert, BDG

Bildrechte:
Udo Pellmann (11, 12, 17 unten, 20 unten, 22, 23, 24, 32, 33, 37, 49, 50, 54, 61, 67, 71, 79, 82, 83, 98, 99, 100, 101, 102, 103, 104, 116, 119, 122, 124, 128, 130, 131, 134, 141, 147, 148, 149, 150, 151, 153, 155, 156, 157)

Sächsische Landesbibliothek Dresden, Deutsche Fotothek (8, 9, 10, 14, 15, 17 oben, 19, 20 oben, 21, 26, 28, 35, 39, 40, 41, 42, 46, 56, 65, 71, 78, 91, 106, 108, 109, 111, 112, 113, 118, 120, 121, 123, 124, 125, 129, 137, 140, 146)

Archiv Matthias Herrmann (44, 136, 144)
Stefanie Buch (60, 63, 68)
ADN-ZB (30, 58, 127)
Hermann Laufer (74)

Quelle Fritz Löffler „Das alte Dresden", Leipzig 1984
Seite 13

Quelle Erna Hedwig Hofmann „Capella Sanctae Crucis", „Der Dresdner Kreuzchor in Geschichte und Gegenwart", Berlin 1956

Seite 11, 32, 88, 116

Umschlagbild:
Bernardo Bellotto (Canaletto)
„Der Altmarkt zu Dresden von der Schloßgasse aus"
Ausschnitt, 1751

Rücktitel:
Johann Christian Clausen Dahl
„Die Kreuzschul-Kurrendaner"

Vor- und Hintersatz: Matthias Merian (1627–1686)
Ausschnitt aus der Ansicht von Dresden um 1650
Moritz Bodenehr (1665–1748)
Prospekt der erweiterten Elbbrücke zu Dresden, 1733

Bertelsmann Lexikon Verlag GmbH
Gütersloh / München 1991

Satz:
Meissner Druckhaus GmbH; Bleisatz, gesetzt auf Bleisetzmaschinen N 14

Druck:
Meissner Druckhaus GmbH; Buchdruck, gedruckt auf V-1040- und V-820-Maschinen

Klischees:
Dresdner Druck- und Verlagshaus GmbH Dresden

Buchbinderische Verarbeitung:
Dresdner Druck- und Verlagshaus GmbH Dresden

Printed in Germany
ISBN 3-570-06664-9
3-570-06680-0
Buch-Nr. 02858-9

INHALTSVERZEICHNIS

INHALTSVERZEICHNIS

Karlheinz Blaschke

DIE KREUZKIRCHE ZU DRESDEN – IHRE GESCHICHTE

Das sächsische Land an der mittleren Elbe kann auf eine über tausendjährige Kirchengeschichte verweisen. Die Eroberung des Sorbenlandes durch den deutschen König Heinrich I. im Frühjahr des Jahres 929 und ein weiterer Heereszug im Jahre 932 in die Niederlausitz, bei dem aller Wahrscheinlichkeit nach die spätere Oberlausitz unter deutsche Botmäßigkeit kam, führt zu der Annahme, daß auch das Dresdner Elbtal um 930 in den deutschen Machtbereich einbezogen wurde. Das eben erst zu einer politischen Einheit zusammengewachsene Reich war ein christliches Reich. Seit mehr als hundert Jahren war der größte Teil der Bevölkerung schon christlichen Glaubens.
Der König verstand sich als ein Herrscher, dem es in einer für das Mittelalter kennzeichnenden Auffassung von der Einheit von Kirche und Welt oblag, zur Ausbreitung der Kirche beizutragen, um die christlichen Wahrheiten zu verkündigen. In dieser Hinsicht wirkte vor allem Heinrichs Sohn König Otto I., der sein Amt ganz bewußt als das eines Priesterkönigs verstand. Nachdem er 936 auf den deutschen Thron gekommen und 962 zum römischen Kaiser gekrönt worden war, setzte er alles daran, ein lang gehegtes Ziel zu erreichen, in dem Ostpolitik und Ostmission sich vereinigten: die Gründung des Erzbistums Magdeburg mit mehreren nachgeordneten Bistümern im Slawenland östlich der Elbe und Saale als der damaligen Ostgrenze des deutschen Reiches. Das Jahr 968 brachte den Erfolg, denn jetzt stimmte der Papst diesen Plänen zu.
Das Erzbistum Magdeburg und die Bistümer Merseburg, Zeitz und Meißen wurden errichtet.
So gab es nun auf dem Meißener Burgberg neben der deutschen Burgbesatzung einen in das deutsche Reichskirchensystem eingebundenen Bischof, zu dem eine Schar geistlicher Helfer gehörte. Die Aufgabe dieser Priester bestand darin, die Botschaft vom gekreuzigten Gottessohn Jesus Christus und von der Gnade Gottes in die sorbische Bevölkerung des Landes hineinzutragen und sie durch die Taufe in die Gemeinschaft der Christenheit aufzunehmen. Nach alledem, was über diese frühe Kirchengeschichte im heutigen Sachsen erforscht und bekannt und was in der Chronik des 1018 verstorbenen Bischofs Thietmar von Merseburg überliefert ist, kann kein Zweifel daran bestehen, daß die christliche Missionstätigkeit in den Jahren nach 968 tatkräftig betrieben worden ist und die sorbischen Landesbewohner bis etwa zum Jahre 1000 durch kirchliche Unterweisung und Taufe zumindest in einem äußeren Sinne christianisiert wurden. Diese Wirksamkeit schloß den Bau von Kirchen ein, denn die regelmäßige Verrichtung des Meßgottesdienstes als des Herzstücks kirchlicher Verkündigung und Seelsorge erforderte den geweihten Raum eines Gotteshauses.
Die Folge war die Errichtung von Gemeindekirchen in den sorbischen Siedelgebieten, die damals noch wie Inseln in das weite unbewohnte Waldland eingebettet waren. Dabei lag es nahe, die Kirchen dort zu erbauen, wo bereits eine deutsche Burg als Stützpunkt vorhanden war, die im Notfall auch Schutz und Hilfe für die Geistlichkeit gewähren konnte. So entwickelte sich etwa bis zur Jahrtausendwende eine Kirchenorganisation, die sich eng an das deutsche Burgwardsystem anschloß. Die vor oder in der Burg errichtete Kirche wurde zum geistlichen Mittelpunkt des Burgwards, der als Burgbezirk eine gewisse Zahl sorbischer Dörfer umfaßte, die zu Diensten und Abgaben für die Burg verpflichtet waren. Auch auf dieser Ebene war somit die mittelalterliche Einheit von Kirche und Welt verwirklicht. Die Kirche von St. Afra vor der Burg zu Meißen, die Kirchen vor den Burgen Dohna, Leisnig und Rochlitz und jene in der ehemaligen Burg Nerchau bei Grimma sind dafür einige Beispiele.
Im Elbtal um Dresden bestanden im 10. Jahrhundert ebenfalls slawische Siedlungen, die sich südlich des Flusses bis auf die Höhen von Bannewitz und Babisnau und in den Plauenschen Grund hinein erstreckten. Diese als Gau (pagus) bezeichnete Landschaft trug den slawischen Namen Nisan, der als „niedrig gelegenes Land" zu übersetzen ist. Am Rande dieses Gebietes gab es die im 11. Jahrhundert genannten Burgwarde Briesnitz, Dohna und Pesterwitz, während für den mittleren Teil im Bereich der späteren Altstadt Dresden kein Burgward nachzuweisen ist. Die Forschungen zur Frühgeschichte der Stadt Dresden sind noch im Gange. Es gibt Vermutungen darüber, daß der zum Jahre 1004 genannte Ort Nisani mit dem späteren Dresden gleichbedeutend ist und hier auch ein im 12. Jahrhundert bezeugter Königshof

Slawisches Fischerdorf Drezdin um 700 n. Chr.

gleichen Namens bestanden hat. Mit Gewißheit läßt sich nur soviel sagen, daß die herrschaftliche Ordnung des Dresdener Raumes im 10. und 11. Jahrhundert offenbar nicht der allgemein anzutreffenden Regelung entsprach. Ungeachtet dieses Sachverhalts wurde jedoch eine Kirchenverfassung aufgebaut, wie sie allgemein im Lande üblich war. Es entstand daher ein weiträumiges Kirchspiel genau nach dem Vorbild der Burgwardparochien, gewissermaßen eine Burgwardkirche ohne Burgward.

Diese Kirche ist die Dresdener Frauenkirche. Sie war Unserer Lieben Frau, der hl. Maria gewidmet, die bei der Verehrung der Heiligen im Mittelalter allen anderen voranstand. Sie wurde auf einer leichten Erhebung angelegt, die sich in der noch unbebauten Naturlandschaft im späteren Dresdener Stadtraum hervorhob, während die spätere Bebauung das ganze Gelände eingeebnet hat. Falls es um das Jahr 1000 schon eine Burg oder einen herrschaftlichen Hof an der Stelle des heutigen Schlosses gegeben haben sollte, dann entsprach die Lage der Kirche völlig der damaligen Gewohnheit, denn die Entfernung zwischen der Frauenkirche und dem Schloß beträgt nur 300 Meter. Auf jeden Fall wurde die Kirche an dem zentralen Platz im Gau Nisan erbaut, wo eine Furt die Elbe durchquerte und demzufolge sich auch Fernwege trafen. Man kann Frauenkirche daher mit einem in der sächsischen Landesgeschichte an sich nicht üblichen Begriff als Gaukirche bezeichnen. Aus späterer Zeit gibt es Hinweise dafür, daß ihr Kirchspiel ursprünglich den ganzen Gau Nisan mit Ausnahme des Burgbereichs von Dohna umfaßt hat, denn die Kirchspiele Briesnitz, Döhlen und Leubnitz scheinen erst später von Dresden selbständig geworden zu sein.

Für die Festsetzung der Entstehungszeit der Dresdener Frauenkirche noch am Ende des 10. Jahrhunderts sprechen somit die allgemein gültigen Regeln, die beim Aufbau der damaligen Kirchenorganisation gegolten haben. Die Bevölkerung des Gaues Nisan mußte ebenso wie diejenige aller anderen dem deutschen Reich einverleibten slawischen Siedelgebiete im Bereich der Mark Meißen kirchlich betreut werden, wozu der Bau einer Kirche unerläßlich war. Allein diese Tatsache spricht für die frühe Entstehungszeit.

Ein zweiter Beweis ist im Bestehen eines Dorfes zu sehen, das dem Pfarrer der Frauenkirche als Grundlage für seinen materiellen Unterhalt übergeben worden war. In den altslawischen Siedelgebieten Sachsens gibt es sechs Dörfer des Namens Poppitz. Das aus dem Griechischen abgeleitete slawische Wort „Pope" für den Pfarrer führte dazu, daß die dem Pfarrer untertänigen Dorfbewohner als „popici", d. h. die Leute des Pfarrers bezeichnet wurden, woraus sich der später eingedeutschte Ortsname erklärt. Ein Poppitz-Dorf war folglich ein solches, das im Rahmen der Naturalwirtschaft einem Burgwardpfarrer als „dos", als Schenkung übergeben worden war. Die Dorf-Dos gehört nach allgemeiner Erkenntnis der hochmittelalterlichen Kirchengeschichte in die Zeit des 10./11. Jahrhunderts, sie wurde später durch andere Arten der materiellen Ausstattung von Kirchen abgelöst.

Zur Frauenkirche gehörte das Dorf Poppitz, das zwischen der Annenkirche und der Maternistraße lag, wo noch bis zur Zerstörung Dresdens 1945 ein Platz diesen Namen trug. Bis zur Reformationszeit unterstand es dem Pfarrer der Frauenkirche, der auch die Gerichtsbarkeit über die Bewohner innehatte. Wenn somit auch keine urkundlichen Beweise für die Entstehung der Frauenkirche am Ende des 10. Jahrhunderts vorliegen, so gestatten es doch die dargelegten Tatsachen und Rückschlüsse, eine so frühe Entstehungszeit als zwingend vorauszusetzen.

KAUFMANNSSIEDLUNG UND NIKOLAIKIRCHE

Gegen Ende des 11. Jahrhunderts hin entwickelten sich die gesellschaftlichen Verhältnisse in der Markgrafschaft Meißen weiter. Die politische Einheit des Landes löste sich dadurch auf, daß der König einzelne Gebietsteile an kirchliche und adlige Herrschaftsträger verschenkte. Die Bedrohung des einstigen Grenzlandes durch polnische und böhmische Angriffe hörte auf, es wurde mehr und mehr zu einem festen Bestandteil des deutschen Reiches, seine herrschaftlichen Gewalten waren schon zu selbständiger politischer Haltung fähig und traten im Investiturstreit größtenteils im Verband der sächsischen Adelsopposition gegen den deutschen König auf. Es bildete sich eine feudale Führungsschicht heraus, die höhere Ansprüche an die Lebensführung stellte, so daß der Fernhandel aufzublühen begann. 1092 wurde in Pegau das erste Kloster östlich der Saale gestiftet, 1119 folgte das Kloster Riesa an der mittleren Elbe. Um 1100 rief Wiprecht von Groitzsch Bauern aus Oberfranken in das Gebiet um Lausick und leitete damit eine erste Stufe der deutschen Kolonisation ein. Zur gleichen Zeit ist mit dem Bestehen von festen Fernhandelsplätzen in Meißen, Leipzig und Bautzen zu rechnen. Auf den Fernwegen, die seit dem 10. Jahrhundert urkundlich nachzuweisen sind, zogen wandernde Kaufleute, brachten fremde Waren und damit auch die Geldwirtschaft in das Land. Im Jahre 1118 wurde einer in Zwickau gegründeten Kirche der Zoll der nach Böhmen fahrenden Kaufleute zugewiesen. Diese Kaufleute waren an Flußübergängen manchmal zum Verweilen gezwungen. Wo sich eine Burg befand, gab es für sie Kunden aus dem Kreis der Burgbewohner und der dort zusammenkommenden Landleute. So lohnte es sich, an einem solchen Ort sich länger aufzuhalten und sich schließlich fest anzusiedeln. An Flußübergängen in der Nähe von Burgen entstanden auf diese Weise

Plan der Stadtgründung Dresdens, eine Rekonstruktion von Heinrich Koch aus dem Jahre 1938

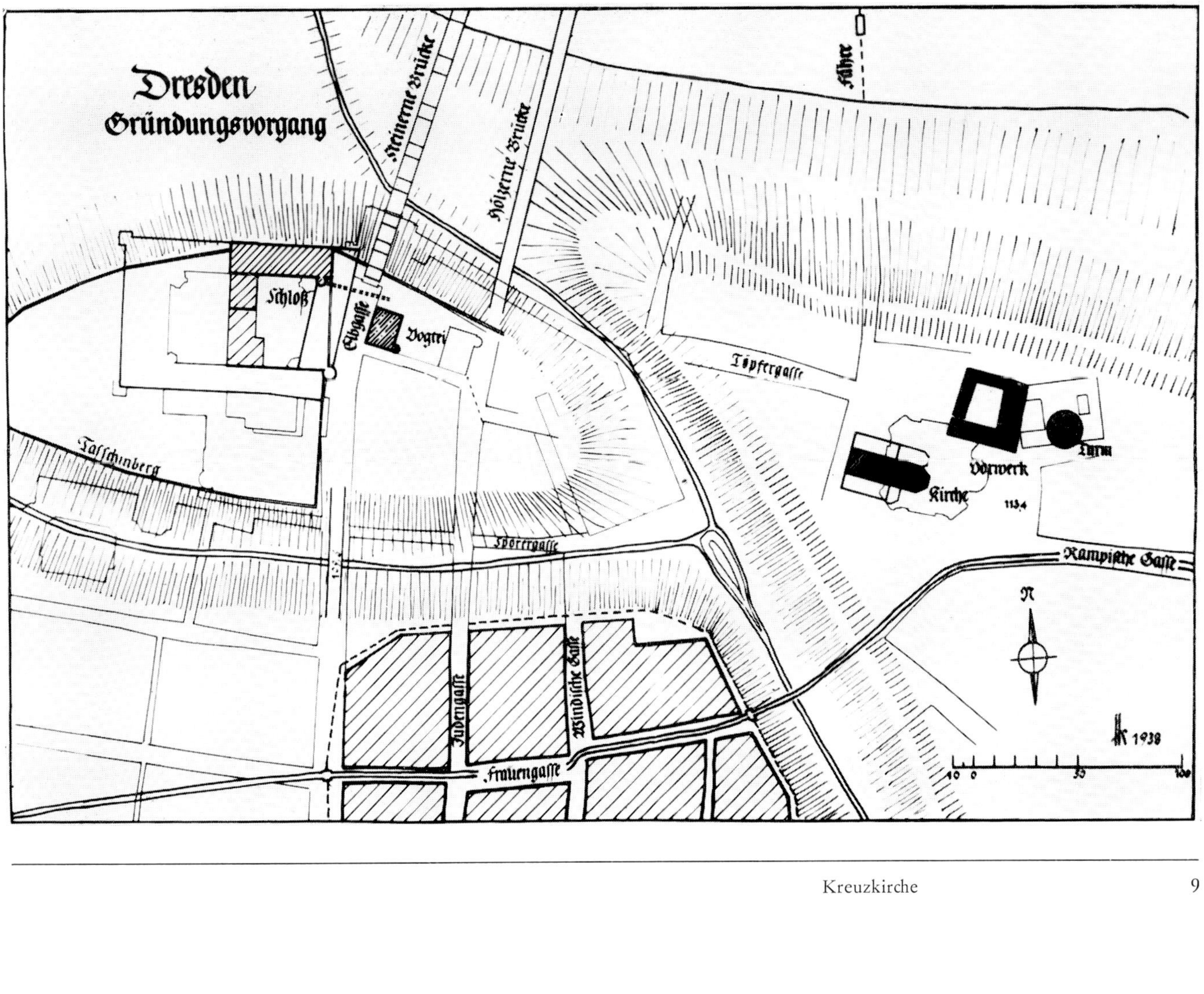

Kaufmannssiedlungen, deren Bewohner als freie Kaufleute unter Königsschutz einen höheren sozialen Rang innehatten als die übrigen Landesbewohner slawischen Volkstums. Sie waren nicht den örtlichen Feudalgewalten, den Burgherren, unterworfen, sondern schlossen sich zu Genossenschaften mit Selbstverwaltung und eigenem Recht zusammen. Schließlich waren diese Kaufleute auch Christen und brauchten daher an ihrem Aufenthaltsort eine Kirche. Da im Mittelalter jede politische Gemeinschaft zugleich eine Kirchgemeinde bildete, schlossen sich die Bewohner der Kaufmannssiedlungen nicht den bestehenden Kirchgemeinden der slawischen Bevölkerung an, sondern bildeten eigene Kirchgemeinden mit eigenen Kirchen. Auf diese Weise entstand neben der 1118 gestifteten Zwickauer Gaukirche am Muldenübergang eine Nikolaikirche für die Kaufmannssiedlung, während in Halle/Saale die Nikolaikirche an der West-Ost-Fernstraße unmittelbar vor dem Saaleübergang bereits zum Jahre 1116 genannt wird. Der 1143 bezeugte Fernhandelsmarkt in Chemnitz lag bei der dortigen Nikolaikirche. Der heilige Nikolaus war wegen der um sein Leben gesponnenen Legende der Schutzpatron der Kaufleute. Im Jahre 1087 war sein Leichnam aus Kleinasien in die süditalienische Stadt Bari überführt worden, was im ganzen Abendland seine Verehrung mächtig hatte anschwellen lassen. Die Erforschung der Frühgeschichte des Städtewesens in Mittel- und Osteuropa hat die Tatsache erbracht, daß Nikolaikirchen in vielen Fällen als einstige Kaufmannskirchen anzusprechen sind, die vor der eigentlichen Stadtentstehung in der Nähe von Flußübergängen und dort gelegener Burgen errichtet worden sind und sich entlang der damaligen Fernstraßen aufreihen. Eine solche Reihe von Nikolaikirchen zieht sich von Halle/Saale über Leipzig, Grimma, Leisnig, Döbeln, Meißen und Wilsdruff bis Dresden und Pirna hin, von dort aus führte eine Straße

Kaufmannsleben im Mittelalter

Die älteste Kreuzkirche, etwa um 1520, als Vorlage diente ein 1945 verbranntes Holzmodell aus dem Grünen Gewölbe.

über das Gebirge nach Böhmen. Daß die Straßenverbindung nach Wilsdruff und Pirna für die Frühzeit Dresdens besonders wichtig war, ergibt sich aus den Namen der Wilsdruffer und der Pirnaer Gasse und der entsprechenden Tore. Andererseits geht eine Reihe von Nikolaikirchen aus dem fränkischen Raum um Nürnberg über Bayreuth, Hof, Plauen, Zwickau und Chemnitz über Freiberg und Dresden nach Bautzen, von wo aus sie sich über Löbau, Görlitz, Lauban, Bunzlau, Haynau, Liegnitz, Neumarkt bis Breslau fortsetzt, um über Brieg, Oppeln und Beuthen bis nach Krakau zu fuhren. Dresden liegt am Kreuzungspunkt dieser beiden Fernstraßen, die Elbe war neben der Oder in diesem Straßensystem das größte Verkehrshindernis, dessen Überwindung eine besonders dringende Aufgabe für die Kaufleute war.

Wenn man von diesen allgemeinen Erkenntnissen und den die Länder übergreifenden Handelsbeziehungen des hohen Mittelalters wieder auf das Geschehen in Dresden zurückkommt, so ist es naheliegend, die Entstehung der Nikolaikirche an diesem Ort in ein neues Licht zu rücken. Sie läßt sich nunmehr als die Kirche einer Kaufmannssiedlung verstehen, die wie in vielen anderen nachweisbaren Fällen an einer Fernstraße vor dem Flußübergang und in der Nähe eines Herrschaftssitzes zu einer Zeit erbaut wurde, als die eigentliche Stadtentwicklung noch nicht begonnen hatte. Dafür kommt nur die erste Hälfte des 12. Jahrhunderts in Frage. Die Bewohner der Kaufmannssiedlung bildeten eine eigene politische Gemeinschaft und schlossen sich daher nicht an die Gemeinde der Frauenkirche an, von deren Mitgliedern sie sich nach ihrer beruflichen und sozialen Stellung und ihrer Sprache unterschieden. Deshalb erbauten sie 400 Meter von der bereits bestehenden Kirche entfernt ihre eigene Nikolaikirche.

Die Frauenkirche von Dresden Dieser Kupferstich von Moritz Bodenehr stammt aus dem Jahre 1720. Die Geschichte der Frauenkirche reicht bis ins 11. Jahrhundert zurück. Urkundlich erstmalig erwähnt wurde sie 1366. Bis 1525 lag sie außerhalb der Stadtmauern Dresdens. 1727 wurde sie abgebrochen.

Im Laufe des 12. Jahrhunderts kam es in Mitteleuropa zu einem gewaltigen Aufbruch aller gesellschaftlichen Kräfte, der allem Anschein nach auf eine starke Bevölkerungszunahme zurückzuführen war. Seit der Mitte des Jahrhunderts gerieten Hunderttausende von Bauern im ganzen damaligen deutschen Reich von Flandern bis nach Bayern in eine vorwärtsdrängende Unruhe und reihten sich in die große Ostbewegung ein, die zur Besiedlung weiter, bisher ungenutzter Räume und zur Gründung Zehntausender neuer Dörfer führte, viele hundert Städte entstehen ließ, die herrschaftliche Ordnung in Ostmitteleuropa grundlegend veränderte und die Kirche vor große Aufgaben stellte. Das im späten 11. Jahrhundert in Nordwesteuropa zwischen der Loire und dem Rhein in neuer Form aufgeblühte Städtewesen breitete sich mit seiner die Wirtschaft und Gesellschaft verändernden Kraft aus, es kam zur Arbeitsteilung zwischen Stadt und Land, zwischen handwerklicher und bäuerlicher Arbeit und zu einer beträchtlichen Steigerung der Waren- und Geldwirtschaft. Die bäuerliche Arbeit hatte eine so hohe Produktivität erreicht, daß der Bauer einen Teil seiner Erzeugnisse verkaufen und für das erworbene Geld Waren der gewerblichen Produktion kaufen konnte. Jetzt wurde die Herausbildung eines zahlenmäßig starken Handwerkerstandes nötig, der sich natur-

gemäß eng an den Händlerstand anlehnte. Die Kaufmannssiedlungen mußten sich zu Städten weiterentwickeln, in denen Kaufleute und Handwerker zusammenwirkten. Diese Weiterentwicklung vollzog sich in der Regel so, daß neben der bereits bestehenden Kaufmannssiedlung eine neue Stadt angelegt wurde, die dann auch eine neue Stadtkirche erhielt. Deshalb blieben in vielen Fällen die Nikolaikirchen außerhalb der Städte und Stadtmauern, wie es in Chemnitz, Colditz, Görlitz, Leisnig, Meißen und Pirna zu beobachten ist. Die Stadtentwicklung konnte jedoch auch unmittelbar an die Kaufmannssiedlung anknüpfen, indem sie diese einfach erweiterte, so daß auch die alte Kaufmannskirche zur Stadtkirche gemacht wurde. So geschah es in Döbeln, Leipzig und auch in Dresden. Auf diese Weise kam die Stadt Dresden zu ihrer Stadtkirche St. Nikolai. Die alte Gaukirche St. Marien, d. h. die Frauenkirche, blieb außerhalb der später ummauerten Stadt, sie war die Kirche für die Dörfer und nicht für die Bürger. Ebenso wie Stadt und Land, Bürger und Bauern streng voneinander getrennt wurden, traf es auch für die Bürgerkirche und die Bauernkirche zu. Allerdings gestaltete sich das Verhältnis der beiden Dresdener Kirchen in einer von der Norm abweichenden Art und Weise. Die Nikolaikirchen der Kaufmannssiedlungen waren in der Regel selbständige Pfarrkirchen mit Tauf- und Beerdigungsrecht. Nach allem, was von der Dresdener Stadtkirche St. Nikolai bekannt ist, war sie bis zur Reformation der Frauenkirche untergeordnet. Es läßt sich nicht mehr feststellen, ob diese Unterstellung der jüngeren unter die ältere Kirche von An-

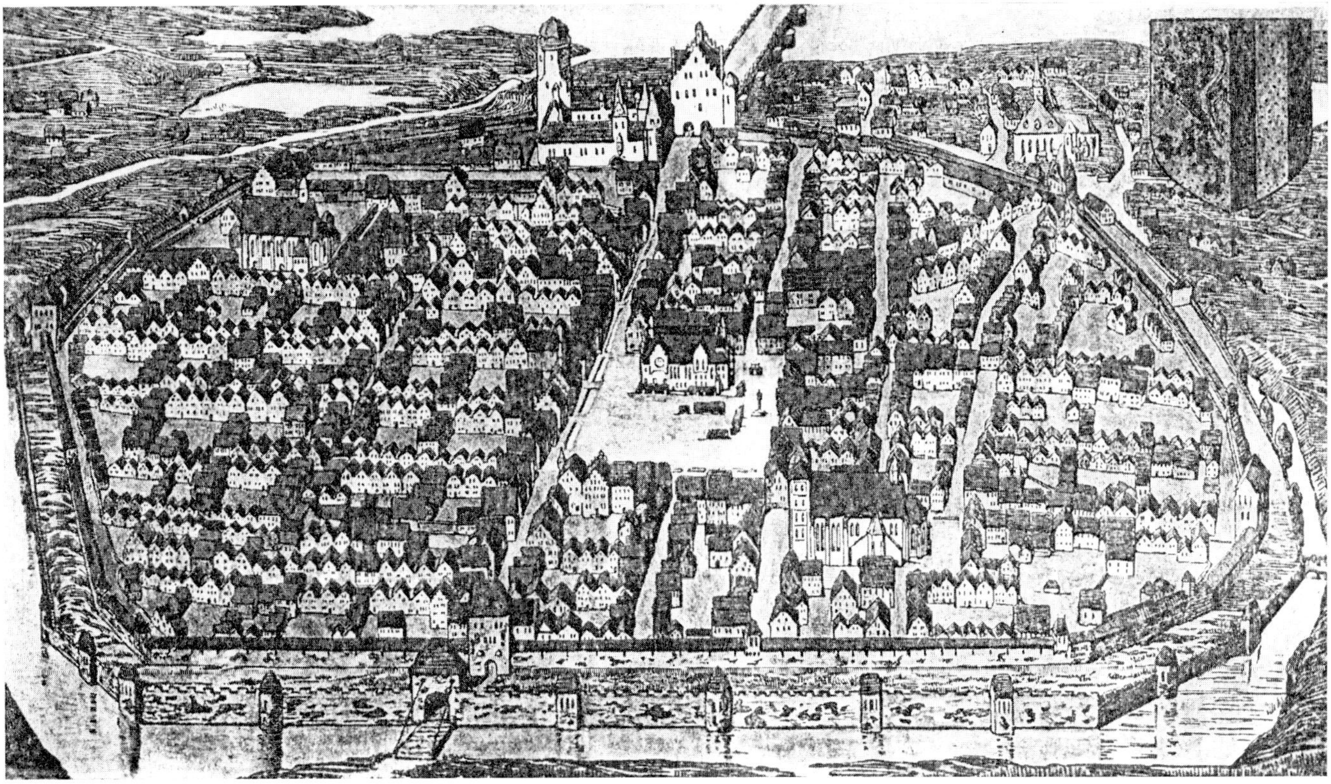

Stadtansicht von Dresden aus dem Jahre 1520, unten rechts ist die Kreuzkirche erkennbar. Die Frauenkirche (rechts oben) liegt im damaligen Fischerdorf.

fang an bestanden hat oder ob der Frauenkirchpfarrer erst später diese Abhängigkeit durchgesetzt hat. In der mittelalterlichen Kirche ging es nicht nur um geistliche Fragen, sondern oft genug auch um die besseren Rechte und die höheren Einkünfte.
Unter Berücksichtigung der allgemeinen Stadtentwicklung in Sachsen muß angenommen werden, daß die Weiterentwicklung der Dresdener Kaufmannssiedlung zur Stadt in der zweiten Hälfte des 12. Jahrhunderts stattgefunden hat, etwa gleichzeitig oder bald nach den entsprechenden Vorgängen in Leipzig, Chemnitz, Altenburg und Zwickau, und daß die Entstehung der Stadt um 1200 abgeschlossen war. Das ist auch die Zeit, in der nach neuesten Ausgrabungsergebnissen eine bemerkenswerte Bautätigkeit im Bereich des heutigen Schlosses stattgefunden haben dürfte. Als Dresden im Jahre 1206 zum erstenmal urkundlich erwähnt wurde, war von einer Stadt nicht ausdrücklich die Rede. Das ist kein Argument gegen den hier eingeschlagenen Forschungsgang, der ohne unmittelbare schriftliche Zeugnisse unter Berücksichtigung der allgemeinen Landesgeschichte und durch Heranziehung formaler Quellen zu den dargelegten Ergebnissen gekommen ist. Bei dem in der Urkunde von 1206 zur Verhandlung anstehenden Gegenstand, der ausschließlich die damaligen Herrschergewalten betraf, war es nicht notwendig,

Urkunde vom 31. März 1206, die Dresden erstmals als Ort erwähnt

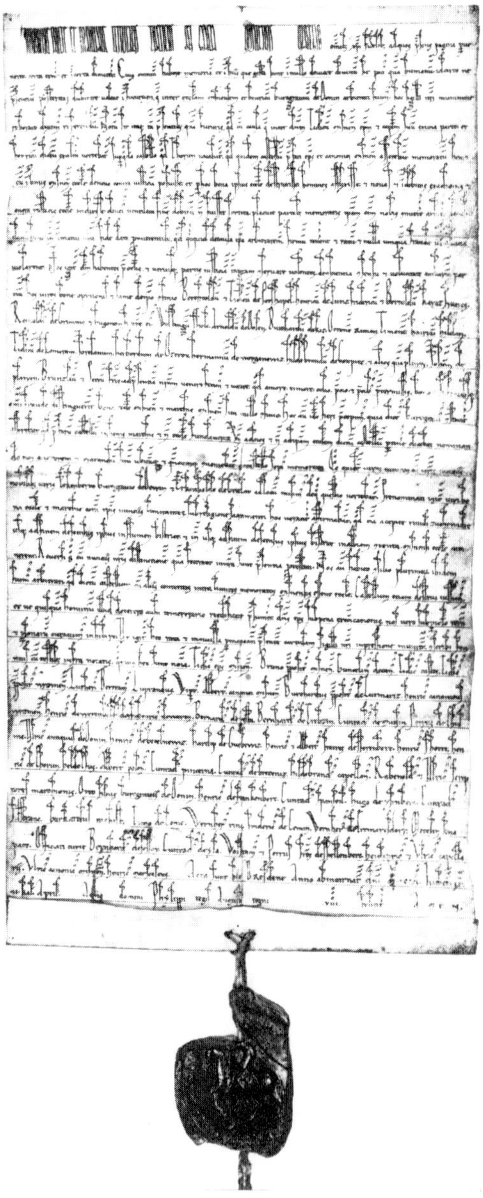

das Bestehen der Stadt Dresden ausdrücklich zu erwähnen. Bei alledem, was über die fortgeschrittenen Verhältnisse in der damaligen Markgrafschaft Meißen bekannt ist, wäre es absurd, sich Dresden im Jahre 1206 lediglich als eine Ansammlung von Burg, Frauenkirche und ein paar Fischerhäusern vorzustellen.
Es gibt noch einen weiteren Hinweis auf das hohe Alter der Dresdener Stadtkirche und ihre Herkunft aus der Zeit vor der Entstehung der Stadt: das geistliche Brückenamt. In mehreren deutschen Städten konnte die Verbindung wichtiger Verkehrseinrichtungen mit einer Nikolaikirche festgestellt werden. In Glauchau, Grimma, Jena, Kahla, (Alt-)-Leisnig, Oschersleben, Thamsbrück und Waldheim standen die Brücken mit den dortigen Nikolaikirchen in Verbindung, in Kolberg gehörte die Nikolaikirche zusammen mit den Hafenanlagen zum gleichen Vermögensstock. Dem entspricht die Verbindung der Dresdener Elbbrücke mit der Nikolaikirche. Wenn die Brücke nach dem Abschluß der Stadtentwicklung erbaut worden wäre, dann hätte man sie der Verwaltung des Rates unterstellt und den Rat für ihre Unterhaltung verantwortlich gemacht. So aber muß angenommen werden, daß die Brücke bereits zu einer Zeit gebaut wurde, als es den Rat der Stadt noch nicht gab, so daß sie vom Vermögen der Kaufmannssiedlung abhing, die auch für die Nikolaikirche verantwortlich

Pläne des alten Brückenhauses (Klemm-Chronik)

war. Die Genossenschaft der Kaufleute, die Kirche und die Brücke waren zu einem einheitlichen Vermögensstock vereinigt. Als die Nikolaikirche dann im Zuge der Entwicklung der Stadt zur Stadtkirche gemacht wurde, ging die Brücke nicht in das Stadtvermögen ein, sondern wurde als eigener Wert im Zusammenhang mit der Kirche fortgeführt.
Nach dieser Deutung sind Kirche und Brücke älter als die Stadt. Nur so erklärt sich die eigenartige Zuordnung der Brücke zur Kirche.
Wenn diese Überlegungen zutreffen sollten, dann würde sich daraus auf eine erhebliche wirtschaftliche Kraft der Dresdener Kaufmannssiedlung schließen lassen, die für den Bau der Elbbrücke als einer für die Kaufleute lebenswichtigen Einrichtungen eingesetzt werden konnte.
Im Licht dieser Gedankengänge gewinnt die chronikalische Nachricht des Pirnischen Mönchs aus dem frühen 16. Jahrhundert eine neue Bedeutung, in der bereits für 1119 von einer steinernen Elbbrücke und für 1173 vom Dresdener Brückenbau die Rede ist. Wenn diese Chronik auch in reichem Maße Wahrheit und Legende durcheinanderbringt, so ist doch ein Brückenbau vor der Entstehung der Stadt keinesfalls so unbedingt auszuschließen, wie es die Dresdener Stadtgeschichtsschreibung bisher getan hat. Die Fernhändler des 12. Jahrhunderts waren keine armen Leute, eine Brücke über die Elbe anstelle der unsicheren Furt oder Fährverbindung wird ihnen viel wert gewesen sein. Neueste Ausgrabungsergebnisse rechnen aufgrund archäologischer Befunde mit einem Brückenbau gegen Ende des 12. Jahrhunderts.
Mit dem Jahre 1206 beginnt die urkundliche Überlieferung zur Geschichte der Stadt Dresden. Die aus diesem Jahre stammende älteste Urkunde bietet weiter nichts als den Namen. Aus der Tatsache, daß ein halbes Hundert fürstlicher, adliger und geistlicher Herren mit ihrem zweifellos vielhundertköpfigen Gefolge in Dresden anwesend war, läßt sich auf den Umfang der Baulichkeiten schließen, die damals schon vorhanden gewesen sein müssen. Dabei dürfte es sich nicht nur um die Burg, sondern auch um die Stadt gehandelt haben, in der ein Teil dieser Menschenmenge untergekommen sein wird. Die zweite Nennung Dresdens im Jahre 1215 beschränkt sich ebenfalls auf den Ortsnamen, während am 21. Januar 1216 Markgraf Dietrich von Meißen eine Urkunde „in civitate" Dresden ausstellte. Das kann nicht so aufgefaßt werden, als ob zwischen einem nicht näher bestimmten Tag des Jahres 1215 und dem Januar 1216 die voll entwickelte Stadt aus dem Boden gestampft worden sei. Vielmehr setzt die zufällige Erwähnung Dresdens als civitas im Jahre 1216 ein längeres Wachstum voraus. Die Bezeichnung „civitas" war um 1200 eindeutig und ausschließlich der Stadt im Rechtssinne vorbehalten, die über eine ansehnliche Größe, eine Selbstverwaltung und eine Stadtkirche verfügte. Insofern ist es berechtigt, die Urkunde von 1216 als das früheste schriftliche Zeugnis für das Bestehen der Nikolaikirche, der späteren Kreuzkirche, anzusehen, obwohl sie tatsächlich etwa hundert Jahre früher schon vorhanden war.

Die Urkunde mit dem Reitersiegel des Markgrafen Friedrich zur Erläuterung des Dresdner Stadtrechtes vom 17. August 1299

Stadtbild von Dresden (von Gabriel de Thola, Federzeichnung um 1565)

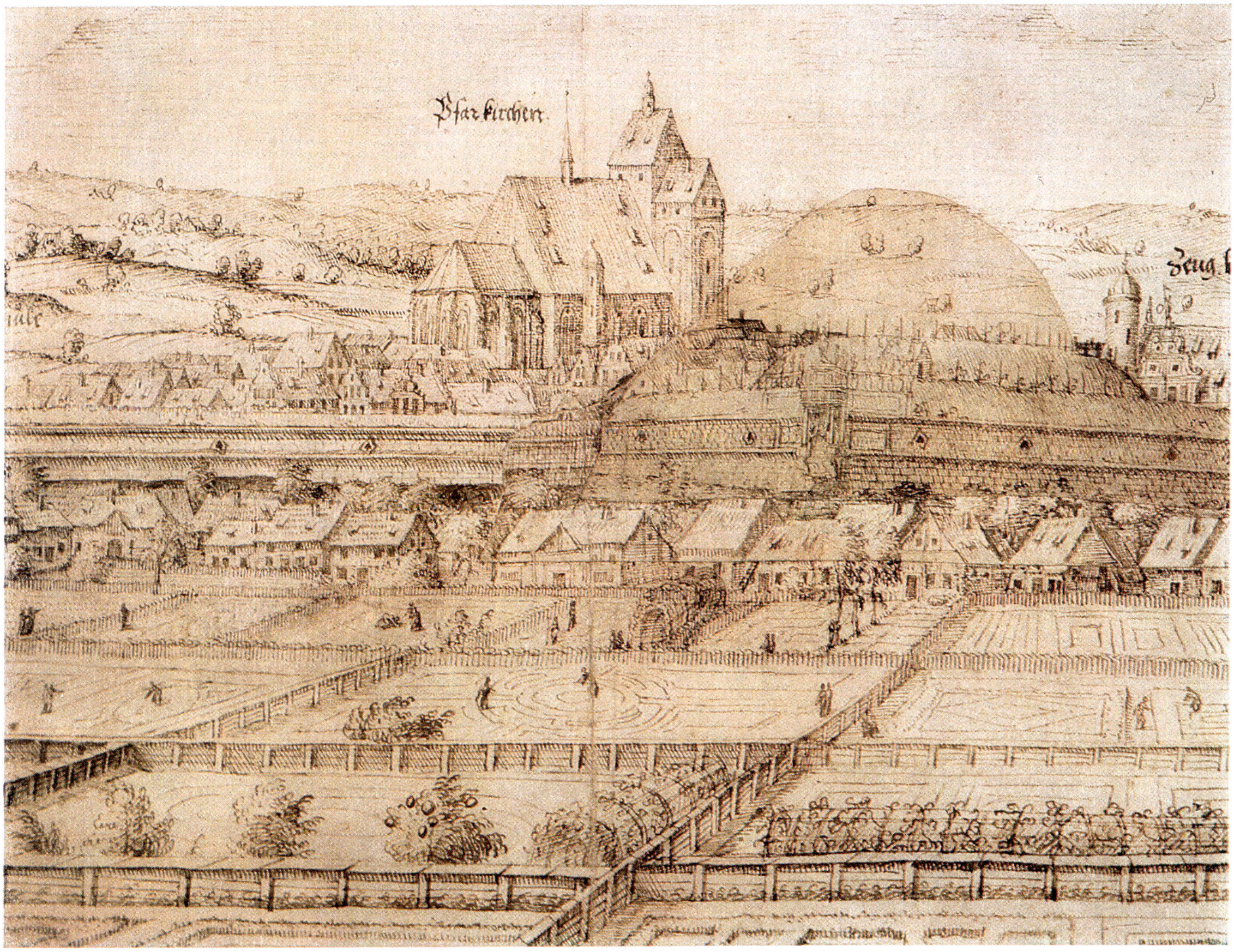

Die Kreuzkirche, gemalt von Bernardo Bellotto (genannt Canaletto), vor der Zerstörung durch preußische Truppen und danach.
Die Gemälde von Canaletto vermitteln durch ihre Detailtreue einen sehr genauen Eindruck von Dresden und seinen Bauwerken.

Detail mit Kurrendesängern aus dem Gemälde von Canaletto „Die Frauenkirche zu Dresden"

Kreuzschul-Kurrendaner (Federzeichnung 1826 von Johann Christian Clausen Dahl) So könnten sie auch dem Dichter und Geheimrat Johann Wolfgang von Goethe begegnet sein, als er 1813 in Dresden weilte. Aber von den vielgerühmten Chorknaben bekam Goethe ein ganz anderes Bild. An seine Frau Christiane schreibt er: „Chorschüler, aber nicht etwa in langen Mänteln wie sonst, sondern in knappen schwarzen Fracks und überhaupt schwarz gekleidet, etwa 30 an der Zahl, gingen, vier Mann hoch, Arm in Arm, mit großen Stürmern auf den Köpfen, der Präfekt voraus, durch die Straßen. Sie marschieren nach der Melodie eines Gassenhauers, der ohngefähr so heißen mag:

So gehen wir gassaten
Wir lustigen Cameraden
Und ziehen frank und frey
Und was man uns genommen,
Das haben wir nicht bekommen,
Und wenn uns nun der Teufel holt,
So sind wir auch dabey."

Canaletto: „Ansicht des Neumarktes zu Dresden“
Von 1760, dem Jahr der Zerstörung der Kreuzkirche durch preußische Artillerie, bis zum Jahre 1792 war die Frauenkirche Hauptwirkungsstätte des Kreuzchores.

Das Gebäude der alten Kreuzschule im Jahre 1874, gezeichnet von H. Matthäey. Von 1493, mit unwesentlichen Veränderungen, war sie bis 1866 Domizil für Schule und Chor.

Die Kreuzschule am Dohnaischen Platz (später Georgplatz) wurde 1866 eingeweiht. Im Vordergrund steht das Denkmal Theodor Körners.

Schulfahne von 1863, von Schülern 1956 nachgestaltet, und Schulmütze.

Der Ball der Kruzianer war stets ein Höhepunkt im Schulleben. Lange Zeit organisierten ihn die Schüler selbst. Unter dem Rektor Otto Hultsch (von 1868 bis 1889 im Amt) wurde eine Ballordnung festgelegt. Ihre wesentlichsten Bestimmungen sind folgende: „Nur Schüler der Anstalt, derzeitige oder ehemalige, dürfen – selbstverständlich in Begleitung der Anverwandten und der mitgenommenen Damen und deren Eltern – am Ball teilnehmen. Schülern anderer Unterrichtsanstalten ist der Zutritt verboten.
Der Preis der Tafelkarte darf nicht über zwei Mark sein.
Es ist den einzelnen Schülern verboten, Blumensträuße zu schenken.
Der Schluß des Balles ist auf drei Uhr festzusetzen.
Vier Ballvorsteher leiten unter Aufsicht des Rektors oder eines Lehrers den Ball.“

Die Kreuzkirche in Flammen. 1897 brannte sie völlig aus. In nur drei Jahren wurde sie wieder aufgebaut.

Zum Gedenken an den Kirchenbrand wurde aus dem Metall der zerstörten Orgel dieses Kreuz gefertigt.

DIE NIKOLAIKIRCHE ERHÄLT EINEN NEUEN NAMEN

Nach dem Abschluß der Stadtentwicklung um 1200 bestanden die beiden Dresdener Gemeindekirchen Unserer Lieben Frauen und St. Nikolai in deutlicher Aufgabentrennung nebeneinander. Die Nikolaikirche war die Stadt- und Bürgerkirche, aber die für die umliegenden Dörfer zuständige Frauenkirche war die ältere und nahm den höheren Rang ein. Wahrscheinlich hat der Frauenkirchpfarrer die Einrichtung eines selbständigen Nikolaipfarramtes verhindert, da die Kaufmanns- und Bürgergemeinde in seinem Zuständigkeitsbereich lag.

Eine solche Abhängigkeit der jüngeren Stadtkirche von einer älteren Pfarrkirche außerhalb der Stadt steht nicht allein da. In Görlitz saß der Stadtpfarrer bis zur Reformationszeit an der Nikolaikirche außerhalb der Stadt und nicht an der innerstädtischen Bürgerkirche St. Petri. In Mügeln war die Stadtkirche bis 1856 Filial der Dorfkirche zu Altmügeln. Die mittelalterliche Kirchenverfassung war wenig beweglich, ihre festgefügten Ordnungen hielten sich unverändert über Jahrhunderte hinweg, auch wenn sich die gesellschaftlichen und politischen Verhältnisse weiterentwickelten. Nach Einwohnerzahl und Bedeutung war die Stadt Dresden im späten Mittelalter den Dörfern der Frauenkirchparochie weit überlegen, aber ihre Stadtkirche blieb der alten Gaukirche weiterhin untergeordnet. Das änderte sich erst in den Jahren vor 1400, als das Pfarrhaus von seinem Platz neben der Frauenkirche in die Pfarrgasse bei der Stadtkirche verlegt wurde. Von dort aus verrichtete der Pfarrer nun den Dienst an beiden Kirchen, wobei ihm vier Kapläne als Gehilfen zur Seite standen. Das größere Gewicht von Stadt und Bürgertum hat diese Anpassung der Kirchenorganisation an die tatsächlichen gesellschaftlichen Verhältnisse und die Aufwertung der Stadtkirche bewirkt.

Sie erlebte im 13. Jahrhundert auch eine geistliche Rangerhöhung, nachdem ihr eine wertvolle Reliquie übergeben worden war. Die erste Gemahlin Markgraf Heinrichs des Erlauchten, Konstanze von Österreich, hatte 1234 als Mitgift einen Splitter vom Kreuz Christi nach Sachsen mitgebracht, der in einer an die Nikolaikirche angebauten Kapelle untergebracht wurde. Ein Stück von dem Holz, das nach dem Glauben der Menschen den Körper des gekreuzigten Heilands getragen hatte, verhieß besondere Heilskraft und Gnadenvermittlung. Es zog die gläubigen Christen von nah und fern an, so daß die Kreuzkapelle zu einer Wallfahrtsstätte wurde. Im Jahre 1270 soll sie wegen des starken Andranges zu eng geworden sein, so daß sie erweitert werden mußte. Das hängt wahrscheinlich mit der Aufstellung eines Holzkreuzes zusammen, das vor 1270 aus der Elbe geborgen und in feierlicher Prozession in die Stadtkirche getragen worden war. Als der „Schwarze Herrgott von Dresden" besaß es eine große Anziehungskraft. Im Jahre 1299 wurde vom Landesherrn eine bereits bestehende Bestimmung erneuert, die den zur Verehrung des Kreuzsplitters nach Dresden kommenden Gläubigen besonderen Schutz gewährte. Als im Jahre 1319 dreizehn Erzbischöfe und Bischöfe in Avignon einen Ablaßbrief für Dresden ausstellten, wurde erstmals von der ecclesia sanctae crucis, von der „Kirche", d. h. hier der Kapelle des heiligen Kreuzes gesprochen. Dabei wurde eine Beisteuer für die Brückenbaukasse ebenso als frommes Werk anerkannt wie die Mildtätigkeit gegen die Kirche und andächtiges Gebet. 1308 wurde eine jährliche Rente „dem heiligen Kreuz zu Dresden und der Brücke" gestiftet, woraus deutlich wird, daß die alte Verbindung der Nikolaikirche mit der Brücke auf die Kreuzkapelle übertragen worden war. Bis in die siebziger Jahre des 14. Jahrhunderts sprachen die Bischöfe von Meißen stets von der Nikolaikirche, doch gewann die Verehrung des heiligen Kreuzes eine so hohe Bedeutung, daß der Besitz der Reliquie schließlich einen Namenswechsel herbeiführte. In der Woche vom 3. bis 10. Mai 1388 wurde die Kirche zu Ehren des heiligen Kreuzes neu geweiht und trägt seitdem nur noch den Namen Kreuzkirche. Seit 1370 ist eine Orgel bezeugt, die älteste Nachricht dieser Art in ganz Sachsen.

Da die Kirche im hohen Mittelalter der einzige Träger geistiger Kultur war, ging aus ihr auch das Schulwesen hervor. Dom- und Klosterschulen dienten lange Zeit nur dem inneren Bedarf der Kirche bei der Heranbildung des Nachwuchses. Zum Jahre 1254 ist es bekannt, daß dem Leipziger Thomaskloster eine „äußere" Schule angeschlossen war, in die auch Bürgersöhne aufgenommen wurden. 1291 war in Zwickau eine an die Stadtkirche angeschlossene Schule vorhanden, die nun schon ganz bewußt bürgerliche Bildungsziele verfolgte. Dresden liegt in bezug

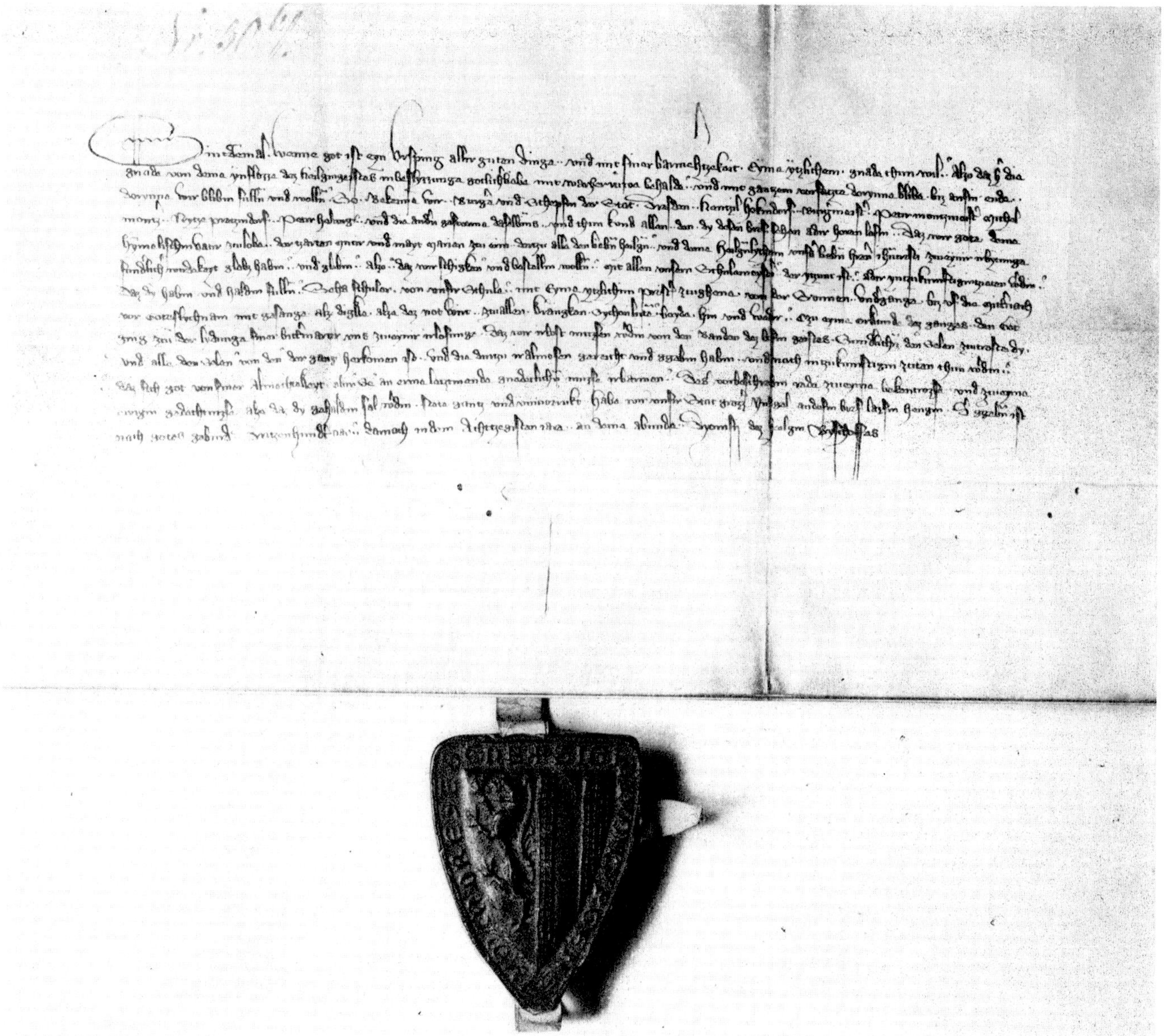

In dieser Pergament-Urkunde vom 8. Oktober 1380 bestimmen Bürger und Schöffen sechs Kreuzschüler zur Begleitung des Priesters bei nächtlichen Krankenbesuchen.

auf die Ersterwähnung einer Stadtschule unter den sächsischen Städten an dritter Stelle, denn hier wird zum Jahre 1300 ein Schulmeister namentlich genannt. Wann die Schule eingerichtet wurde, ist unbekannt. Die allgemeine Bildungsgeschichte im mittelalterlichen Sachsen macht es gänzlich unwahrscheinlich, daß sie aus einer wesentlich früheren Zeit stammt. Diese Feststellung gilt dann logischerweise auch für den Kreuzchor, der ohne die Schule nicht denkbar ist. Der Chorgesang im liturgischen Gottesdienst wurde von den Priestern ausgeführt, das Bestehen eines Knabenchores setzt das Vorhandensein einer Schule zwingend voraus.
Das Dresdener Bürgertum hat seiner Stadtkirche stets die nötige Zuwendung entgegengebracht, war doch die Kirche der gesellschaftliche Mittelpunkt der Stadt. Im Laufe des 14./15. Jahrhunderts wurden zahlreiche Altäre eingerichtet und mit eigenen Stiftungen versehen. Die Zinsen der Stiftungskapitalien dienten dazu, die Geistlichen zu unterhalten, die dort nach festgelegter Ordnung die Messe lasen. Jeder Altar war einem besonderen Heiligen oder mehreren gewidmet, von deren Fürsprache vor Gott sich die Stifter die Vermittlung der göttlichen Gnade erhofften. So gab es Altäre für die Heiligen Barbara, Maria, Maternus, Dorothea, Maria Magdalena, Laurentius, Elisabeth, Donatus, Petrus, Paulus, Stephanus, Katharina, Anna, Livinus, Hedwig, Hieronymus, Mauritius, Martin, Ursula und Antonius, ebenso für die Verehrung des Fronleichnams, der Dreifaltigkeit, des hl. Kreuzes, der zwölf Apostel und Allerheiligen. In der Meißener Bistumsmatrikel von 1495 werden in der Kreuzkirche 26 Altäre aufgezählt. Die reichlichen Stiftungen gestatteten ein betriebsames geistliches Leben in der Kirche, wo täglich das Meßopfer, der Gesang der Geistlichen und die Andachten der Gläubigen stattfanden.
Für den mittelalterlichen Menschen, der das irdische Leben nur als eine Durchgangsstufe und Vorbereitung auf das jenseitige, das eigentliche Leben verstand, war der häufige Aufenthalt in der Kirche eine wesentliche Voraussetzung für die Erlangung der Gewißheit des ewigen Heils. Der Chor der Kreuzschule war in dieses reiche gotttesdienstliche Geschehen einbezogen, bei dem es nicht auf die Auslegung des Wortes Gottes in der Form der Predigt, sondern auf die Gottesverehrung mit Hilfe kultischer Handlungen und liturgischer Gestaltung ankam.
Auf welche Art die materielle Ausstattung zustandekam, mit deren Hilfe die Kreuzkirche im späten Mittelalter den immer umfangreicher werdenden geistlichen Aufgaben gerecht werden konnte, zeigt ein Einzelfall aus dem Jahre 1371. Damals stifteten die Markgrafenbrüder Friedrich der Strenge, Balthasar und Wilhelm den Marien- und Maternialtar, an dem zwei Altaristen angestellt wurden, d. h. zwei Priester, die nur die Aufgabe hatten, die Messen an diesem Altar zu verrichten. Allein diese Doppelbesetzung macht es deutlich, was für ein Betrieb an einem einzigen Altar geherrscht haben muß. Zum Unterhalt dieser beiden Geistlichen schenkten die Markgrafen das Dorf Weixdorf, das Vorwerk in Marsdorf und das Vorwerk mit 17 Hufen und dem Schulzenamt in Lausa, damit der Dienst mit Sängern, Orgelspiel, Lichtern und Altardienern ordentlich verrichtet werden konnte. Somit kamen die weltlichen Abgaben, die bisher den Landesherren geleistet worden waren, jetzt der Kreuzkirche zugute. In ähnlicher Weise wurden von Fürsten, adligen Herren und Bürgern die verschiedensten Einkünfte aus Dörfern der Dresdener Umgebung, von Wäldern, Wiesen, Hausgrundstücken, Mühlen, Fleischbänken, Badestuben und sonstigen Besitzstücken zweckgebunden für bestimmte Aufgaben in der Kirche gestiftet. Im Jahre 1405 bestimmte Markgraf Wilhelm I. Einkünfte für die Kreuzschüler, die einen Priester bei einem Krankenbesuch mit dem Leib des Herrn singend begleiteten.
Das geistliche Leben der Bürger beschränkte sich nicht auf den geweihten Raum des Gotteshauses, es setzte sich in den Alltag hinein fort. Das geschah mit Hilfe der Bruderschaften, in denen sich Stadtbewohner unter der Leitung von Geistlichen zusammenschlossen. In diesen Gemeinschaften nahmen sie an den von ihnen gestifteten Bruderschaftsaltären am Gottesdienst teil, verrichteten sie Gebete und Prozessionen an festgelegten Tagen in regelmäßigen Abständen und blieben über den Tod hinaus in der Gebetsgemeinschaft mit den Verstorbenen verbunden. Die Bruderschaft Allerseelen soll schon zu Anfang des 14. Jahrhunderts gegründet worden sein. Die Fronleichnamsbruderschaft wurde 1382 bestätigt, seit 1473 hielt sie in der Kreuzkirche feierliche Prozessionen ab. Die Dreifaltigkeitsbruderschaft hatte seit 1452 im Chor der Kreuzkirche ihren eigenen Altar. Sie bestand ursprünglich nur aus Geistlichen und diente als eine Art von Berufsvereinigung dem Zweck, die vielen an die Kirche vermachten Stiftungen gerecht zu verteilen. Seit 1464 erhielten auch Laien den Zutritt zu dieser Bruderschaft. Eine

Westliche Ansicht der Elbbrücke von 1550 bis 1670

weitere Bruderschaft des hl. Kreuzes und St. Nikolai war offenbar auf einen kleinen Kreis vornehmlich von Ratsmitgliedern beschränkt. Gesellschaftliches und geselliges Leben in der spätmittelalterlichen Stadt vollzog sich durchweg auf geistliche Art und in kirchlichen Formen. Auch die Zünfte der Handwerker hatten neben ihren beruflichen Aufgaben in starkem Maße eine geistliche Note.

Die allgemeine Steigerung des geistlichen Lebens im späten Mittelalter rief mancherlei neue kirchliche Einrichtungen hervor. Markgraf Wilhelm hat nicht nur den ins Stocken geratenen Meißener Dombau wieder kräftig vorangebracht und an einigen Burgen des Landes bauen lassen, auf ihn gehen auch größere Bauarbeiten an der Kreuzkirche zurück. Die ursprüngliche Nikolaikirche der Kaufmannssiedlung des frühen 12. Jahrhunderts wird man sich als bescheidenen Bau vorzustellen haben, der dann im Zuge der Stadtentstehung gegen 1200 durch eine größere romanische Basilika mit zwei Westtürmen ersetzt wurde. Die Arbeiten im frühen 15. Jahrhundert dürften dem Umbau zu einer gotischen Kirche gedient haben, der durch die Hussitenkriege unterbrochen, seit 1437 aber wieder aufgenommen wurde. Bis 1488 zog sich der Ausbau hin.

Die Kreuzkirche hat in dieser erneuerten Gestalt nicht lange gestanden. Schon am 15. Juni 1491 wurde sie bei dem großen Brand, der weite Teile der Stadt in Schutt und Asche legte, völlig zerstört, wobei auch die Gewölbe und die Pfeiler einstürzten. Der Wiederaufbau der Stadtkirche war das Anliegen der ganzen Bürgerschaft, er wurde sogleich in Angriff genommen. Die Handwerkerinnungen leisteten bei der Beseitigung des Brandschutts und beim Ausschachten für die Grundmauern unentgeltliche Dienste. Am 4. März 1492 wurde der Grundstein für den Neubau gelegt. Der schwer beschädigte, aber stehengebliebene Chor wurde neu eingedeckt, verglast und für den Gottesdienst hergerichtet. Bis zum Jahre 1499 wurden das Langhaus und die Türme aufgeführt, am 20. November 1499 konnte das als spätgotische Hallenkirche neuerstandene Gotteshaus durch den Bischof von Meißen geweiht werden. Als Baumeister trat seit 1493 Hans Reinhart auf, der zuvor schon beim Bau der Stadtkirche zu Weißenfels, des Dresdener Schlosses und des Schlosses Sachsenburg tätig gewesen war. 1497 wurde Konrad Pflüger sein Nachfolger, der sich beim Bau der Meißener Albrechtsburg, der Peterskirche zu Görlitz, der Thomaskirche zu Leipzig und des Torgauer Schlosses einen Namen gemacht hatte. Er war einer der führenden Baumeister des obersächsischen Hallenkirchenbaus, in dessen Zusammenhang die großartigen Stadtkirchen von Annaberg, Freiberg, Pirna, Schneeberg und Zwickau gehören. Der Innenausbau der Kreuzkirche zog sich noch mehrere Jahre hin, 1513 wurde die Orgel eingebaut, 1516 kam ein Altarschrein hinzu, noch 1519 wurde mit dem Tafelwerk der Zehn Gebote ein bis heute erhalten gebliebenes Kunstwerk aufgestellt.

In jenen letzten Jahrzehnten des späten Mittelalters war die Kreuzkirche der Mittelpunkt des Lebens in der Stadt und neben dem Markt der Ort, an dem sich die Bürger am häufigsten begegneten. Zwei Kirchväter oder „Altarleute", die vom Rat ernannt wurden, sorgten für die Vermögensverwaltung, die wegen der unübersehbaren Vielfalt der Einkünfte eine schwierige Aufgabe war. Die in der Kirche aufbewahrten Reliquien besaßen einen hohen geistlichen Wert, weil sie dem Volk in augenfälliger Weise Heilszusagen vermittelten. Bis zur Reformation wuchs die Reliquiensammlung auf 76 Stück an, worunter sich auch ein Dorn von der Dornenkrone Christi und ein Stein von der Steinigung des heiligen Stephanus befanden. Mehrfach wurden von Bischöfen oder vom Papst Ablässe gespendet, die für geistliche Übungen in der Kreuzkirche oder materielle Beiträge zu erlangen waren.

Nicht zuletzt war die Stadtkirche auch der Hauptplatz des Festgeschehens, das den Jahreslauf in der Abfolge der großen Kirchenfeste gliederte. Dabei standen neben den

Hauptfesten der Christenheit Weihnachten, Ostern und Pfingsten in Dresden die beiden großen Feste der Kreuzkirche im Vordergrund, die mit der Legende vom hl. Kreuz verbunden waren: die Kreuzauffindung am 3. Mai und die Kreuzerhöhung am 14. September. Zum Johannisfest am 24. Juni strömten die Gläubigen scharenweise herbei, um die Kreuzreliquie und den „Schwarzen Herrgott“ voller Ehrfurcht zu betrachten, die in Prozessionen von Bürgern und Ratsherren unter Begleitung durch den Kreuzchor durch die Stadt getragen wurden. Der damit verbundene Johannismarkt wirkte freilich nicht weniger anziehend. Das ganze Geschehen hatte zwei Seiten, wie überhaupt die ungehemmte Ausgelassenheit unmittelbar neben der ernsten Jenseitshoffnung stand, wie es sinnfällig in dem damals weitverbreiteten Bild vom Totentanz zum Ausdruck kam. Noch 1534 sollte der Dresdener Bildhauer Christoph Walther das zwölf Meter lange Sandsteinrelief des Dresdener Totentanzes am Georgentor schaffen; Tanz als Ausdruck der Lebensfreude unentrinnbar vermischt mit dem unerbittlichen Tod.
Aus dem Johannisfest entwickelten sich seit etwa 1480 dramatische Aufführungen, in denen die Kreuzschüler Szenen aus der biblischen Geschichte und dem Leben Jesu darstellten. Auch hier war die Kreuzkirche der Ausgangspunkt der Prozession und der Schauplatz, vor dem das Bühnengerüst aufgebaut war. Die spätmittelalterliche Volksfrömmigkeit lebte sich in der Stadt Dresden voll aus.

Die innere Vollendung der Kreuzkirche geschah zu einer Zeit, als die Lehre Martin Luthers in Sachsen bereits ihre Wirkung zeigte. Auch das vom Gedanken der Werkheiligkeit getragene geistliche Leben in der Kirche und vor allem der Gebrauch des Ablasses führen aus dem Mittelalter hinüber in die Zeit der Reformation. Luther hielt sich 1516 und 1518 in Dresden auf, um seiner Aufsichtspflicht als Distriktsvikar des Augustinereremitenordens nachzugehen, der in Altendresden, d. h. im Gebiet der späteren Neustadt, ein Kloster unterhielt. Während seines zweiten Besuchs predigte der inzwischen berühmt gewordene Wittenberger Professor in der Schloßkapelle in Abwesenheit des Herzogs Georg. In der Kreuzkirche ist er niemals aufgetreten.
Im Gegensatz zu anderen sächsischen Städten wie Leipzig, Leisnig, Oschatz, Döbeln und Zwickau, in denen sich wenige Jahre nach Luthers Thesenveröffentlichung auffallende reformatorische Bewegungen bemerkbar machten, blieben derartige Kräfte in Dresden recht schwach. Das mag mit der schroffen Ablehnung der lutherischen Reformation seitens des streng altgläubigen Herzogs Georg zusammenhängen, der im Dresdener Schloß residierte. Der Rat der Stadt blieb schon mit Rücksicht auf den Landesherrn bei der alten Kirche. Seit 1521 zeigte sich in der Bevölkerung eine gewisse Erregung gegen Personen und Einrichtungen der alten Kirche, Klagen über Geistliche wurden laut, der Erzpriester Gregor Walther ließ Luthers Bücher verbrennen, ein Schmähgedicht gegen den Kreuzkirchenpfarrer Eisenberg wurde 1522 verbreitet, die Heiligsprechung des Meißener Bischofs Benno 1523 rief eine Spottschrift hervor. Insgesamt konnte sich aber keine zahlreiche Anhängerschaft Luthers herausbilden, auch war an die Berufung eines lutherischen Predigers nach Dresden überhaupt nicht zu denken. Die Stadt war ganz im Gegenteil in theologischer Hinsicht von dem hier kräftig wirkenden Hofkaplan Hieronymus Emser geprägt, der als Inhaber einer Altarpfründe mit der Kreuzkirche in Verbindung stand und als hitziger Streiter gegen Luther auftrat. Im Auftrag seines Herzogs verfaßte er eine deutsche Übersetzung des Neuen Testaments, die 1527 in Dresden gedruckt wurde, um der großen Wirkung von Luthers Übersetzung entgegenzuwirken. Nach seinem Tode 1527 trat sein Nachfolger Johannes Cochläus als gelehrter Theologe und fruchtbarer Verfasser von Streitschriften gegen die Reformation auf, wobei der seit 1526 in Dresden tätige Drucker Wolfgang Stöckel für deren Verbreitung sorgte. Andererseits konnte aber auch das Eindringen lutherischer Schriften nicht verhindert werden.

Bibel aus dem Jahre 1541 mit eingeklebtem Holzschnitt Luthers von Lucas Cranach d. Ä. und handschriftlichen Eintragungen Luthers

DIE REFORMATION IN DRESDEN

Die kirchliche Lage änderte sich grundsätzlich erst nach dem Tode des Herzogs Georg am 17. April 1539. Sein bereits evangelisch gewordener Bruder Heinrich übernahm sofort die Regierung im Dresdener Schloß und führte in den folgenden Wochen zügig die Reformation im albertinischen Herzogtum Sachsen ein. Das war ein Akt der landesherrlichen Gewalt, die hier in unsachgemäßer Weise in die Belange der Kirche eingriff, aber es wurde damit doch der Weg freigemacht für die reformatorischen Kräfte in der Stadt, die bisher zurückgedrängt worden waren, und es wurde deutlich, daß die alte Kirchenordnung nicht mehr den veränderten Auffassungen und Lebensverhältnissen der Bürger entsprach. Schon Jahre vor der Reformation war eine Entfremdung zwischen den Laien und der Geistlichkeit spürbar geworden, wobei das selbstbewußter gewordene Laientum die Lebensweise und die führende Stellung der Geistlichen kritisiert hatte. Nach Luthers Auftreten ließ die Bereitschaft der Menschen nach, ihre schuldigen Abgaben an die Kirche weiterhin zu leisten.
Der damalige Stadtpfarrer an der Kreuzkirche Dr. Peter Eisenberg aus Halle war ein gelehrter Theologe, der in Leipzig studiert und dort 1503 das Amt des Rektors bekleidet hatte. 1512 war er nach Dresden berufen worden. Er blieb seinem alten Glauben treu, lehnte die Lehre Luthers ab und hatte daher jetzt einen schweren Stand, da sich alles plötzlich veränderte. Seine bisherigen Pfarrkinder begegneten ihm auf der Straße frech und zeigten sich sogar in der Kirche aufsässig

gegen ihn. Er mußte es sich gefallen lassen, daß der neue evangelische Hofprediger des Herzogs Heinrich, Paul Lindenau, in der Kreuzkirche in Luthers Sinne predigte und klagte über seine Ohnmacht gegenüber den plötzlich aufgetretenen Neuerern. Man hatte von ihm verlangt, die Sing- und Lesemessen abzuschaffen, das Abendmahl in beiderlei Gestalt zu reichen und die bevorstehende Leichnamsprozession als „Abgötterei" zu unterlassen. Am 2. Juni 1539 schrieb er dem Bischof einen Abschiedsbrief, worauf er sich nach Bautzen begab, wo ihm das katholisch gebliebene Domstift eine Zuflucht gewährte. Auch der Rat der Stadt stellte sich jetzt auf die evangelische Seite.

Die Einführung der Reformation im albertinischen Herzogtum Sachsen wurde in feierlicher Form am Pfingstfest, dem 25. Mai 1539 in Leipzig begangen, wo sich Herzog Heinrich, Kurfürst Johann Friedrich, Martin Luther und die Wittenberger Theologen versammelten. In der Hauptstadt Dresden fand ein ähnlicher Festakt am 6. Juli statt, bei dem wiederum der Kurfürst zugegen war. Mit diesem Ereignis wurde es deutlich, daß von nun an die Kreuzkirche den ersten Rang unter den Dresdener Kirchen innehatte, denn sie stand im Mittelpunkt des Geschehens. Die Kreuzschüler wirkten an dem feierlichen Gottesdienst mit.

An die Stelle des schrittweise verdrängten Kreuzpfarrers Eisenberg trat noch im April 1539 der lutherische Hofprediger Lindenau, bis am 27. Juni Johannes Cellarius vom Rat der Stadt berufen wurde. Er hat drei Jahre lang von der Kreuzkirche aus das Kirchenwesen in Dresden neu geordnet. Von den 28 Altären der Kreuzkirche wurden alle mit Ausnahme des Hauptaltars entfernt. Die Kultgegenstände aus Edelmetall wurden an den Münzmeister in Annaberg verkauft, der Erlös kam dem Kirchenvermögen zugute.

Die außerordentlich vielgestaltigen und völlig unübersichtlichen Einkünfte aus den in Jahrhunderten gewachsenen Stiftungen wurden zu einer einheitlichen Kassenverwaltung zusammengefaßt, wofür der „Gemeine Kasten" eingerichtet wurde. Das Ergebnis war eine Rationalisierung des kirchlichen Finanzwesens, das nun in die Lage versetzt wurde, den neuen Aufgaben evangelischen Kirchen- und Gottesdienstes gerecht zu werden. Von den 838 Gulden, die an jährlichen Einkünften zur Verfügung standen, was damals dem Wert von 246 Kühen entsprach, wurden folgende kirchliche Mitarbeiter besoldet: der Pfarrer an der Kreuzkirche, der Prediger an der Frauenkirche, drei Kapläne, der Kreuzschulrektor, drei Lehrer (Baccalarien), der Organist, der Küster und der Calcant (Bälgetreter). Anstelle des Kultgottesdienstes an den Altären mit zahlreichen Altaristen trat der Gemeindegottesdienst mit der Predigt im Mittelpunkt, der Gemeindegesang erforderte einen Kantor und ein Gesangbuch. Der Einbau eines neuen „bequemen" Gestühls und zweier übereinanderliegender Emporen in den Jahren 1542 bis 1544 weist auf die veränderte Art des Gottesdienstes hin, der nun im Anhören der Predigt länger dauerte, so daß der zahlreicher werdenden Gemeinde Sitzplätze angeboten werden mußten.

Mit der Reformation entstand die Volksschule. Luthers Absicht war darauf gerichtet, dem einzelnen Menschen unmittelbar das Wort Gottes in der von ihm übersetzten Heiligen Schrift zu vermitteln, wozu er lesen lernen mußte. Die Volksschule ist die große bildungsgeschichtliche Leistung der Reformation, die sich in dieser Hinsicht auch auf Dresden auswirkte. Schon 1539 wurden neben der alten „lateinischen" Kreuzschule zwei „deutsche" Schulen jeweils für Mädchen und Jungen eingerichtet. Das Schulwesen blieb bis zum Jahre 1835 in den Händen der Kirche.

Die Stellung der Kreuzkirche wurde auch innerhalb der ganzen Kirchenorganisation verändert. Nachdem sich die mittelalterliche Kirchenordnung aufgelöst hatte und die Bischöfe sich dem Werk der Reformation versagt hatten, mußte ein neues Gefüge der kirchlichen Verwaltung aufgebaut werden, als deren Träger bei der Lage der Dinge nur der Landesherr in Frage kam. So entstand in den Grenzen des Territorialstaates die evangelische Landeskirche, die ihre Untergliederung an diejenige des Staates anlehnte. Deshalb wurde an jedem Sitz eines landesherrlichen Amtes ein Superintendent als geistliche Aufsichtsperson eingesetzt, der als staatlicher Amtsträger gemeinsam mit dem Amtmann die kirchlichen Angelegenheiten in seinem Sprengel zu erledigen hatte. Mit der Reformation im Jahre 1539 wurde dem Dresdener Kreuzpfarrer am 15. Juli das Amt des Superintendenten für den Dresdener Amtsbezirk übertragen, was ihm die Aufsicht über 51 Pfarrkirchen übertrug. Als Cellarius 1542 im Alter von 46 Jahren starb, hatte er in seiner kurzen Amtszeit tüchtige Arbeit beim Aufbau des evangelischen Kirchenwesens geleistet.

Als sein Nachfolger wurde Daniel Greser aus Gießen berufen, der sich auf Drängen seines Landesherrn, des Landgrafen Philipp von Hessen, für ein halbes Jahr nach Dresden zu gehen bereit erklärte, dann aber 46 Jahre

lang am Orte blieb, wo er als gut lutherischer Theologe eine führende Rolle in der Landeskirchenpolitik spielte. Es dürfte nicht zuletzt seiner starken Persönlichkeit zu danken sein, daß die Dresdener Stadtkirchengemeinde nicht von den kryptokalvinistischen Spannungen betroffen wurde, die im Jahre 1574 zu einer harten Haltung des Kurfürsten August gegen diejenigen Theologen und Staatsbeamten führten, die für eine Annäherung an die kalvinistische Lehre eingetreten waren. Während der Amtszeit des Superintendenten Greser erhielt die Westfront der Kreuzkirche ein neues Gesicht. Nach dem Brande von 1491 waren die beiden Turmschäfte nicht wieder zu voller Höhe aufgebaut worden. Dafür hatte man einen etwas höheren Mittelbau zwischen sie gesetzt, wie die älteste Ansicht der Kirche aus der Mitte des 16. Jahrhunderts zeigt. 1579 begann man damit, dieses Mittelstück zu erhöhen und den ganzen Westbau durch eine auch die Turmschäfte umfassende Galerie zu einem einheitlichen Baukörper zusammenzufassen. Das Mittelstück erhielt ein kuppelförmiges Dach, über dem sich eine Laterne mit hochragender Spitze erhob. So erhielt der Turm der Kreuzkirche seine mächtig aufragende, breitgelagerte Gestalt, die wohl kaum ihresgleichen im Kirchenbau der frühen Neuzeit haben dürfte. Die Stadtansichten von Canaletto aus der Mitte des 18. Jahrhunderts geben darüber in aller Genauigkeit Auskunft, denn seit dem Turmbau der Jahre nach 1579 sind am Äußeren der Kirche keine größeren Arbeiten mehr ausgeführt worden.
Im Innern kam ebenfalls 1579 ein neuer Altar von Hans Walther hinzu, der den neuen Stil der Renaissance in die spätgotische Kreuzkirche hineintrug. Während des Dreißigjährigen Krieges wurde auf die steinernen Emporen eine weitere aus Holz aufgesetzt, was auf einen erhöhten Bedarf an Sitzplätzen für die zunehmende Einwohnerschaft der

Frühe Stadtansicht von Dresden

Stadt hindeutet. Die Einwohnerzahl der Stadt ohne Altendresden machte um die Mitte des 16. Jahrhunderts etwa 6 500 aus, 1603 waren es rund 15 000. Die Kirche mußte sich dem Wachstum ihrer Gemeinde anpassen.

In theologischer Hinsicht wurde Dresden von dem Versuch des Kurfürsten Christian I., in seinem Lande den Kalvinismus einzuführen, in starkem Maße betroffen. Der junge Landesherr, der 1586 seinem Vater August gefolgt war, begünstigte die von seinem Kanzler Nikolaus Krell betriebene Hinwendung Sachsens zur kalvinistischen Konfession, so daß der Lutheraner Daniel Greser 1589 im Alter von 85 Jahren mit gutem Grund in den Ruhestand geschickt werden konnte, um in der Person des Urban Birnbaum, genannt Pierius, einen führenden kalvinistischen Theologen als Nachfolger zu erhalten. Pierius wurde zwar noch am Ende des gleichen Jahres als Professor nach Wittenberg berufen,

Die alte Kreuzkirche, ein zeitgenössischer Stich aus dem Jahre 1686

leitete aber Veränderungen im Sinne des Kalvinismus ein. Er schaffte das Läuten des Abendmahlsglöckleins ab, predigte in kalvinischem Sinne und lehnte die Orgelmusik im Gottesdienst ab. Unter seiner Leitung wirkte ebenfalls seit 1589 Magister Caspar Rüdel als Diaconus (2. Pfarrer) an der Kreuzkirche. Er wurde vom Kurfürsten zu der im Geheimen betriebenen Herausgabe einer in kalvinischem Sinne erläuterten Bibel, der sogen. Krell-Bibel, herangezogen und im Sommer 1591 anstelle eines vertriebenen Lutheraners zum Superintendenten in Freiberg ernannt. Nach dem Weggang von Pierius wurde Anfang 1591 der kalvinisch eingestellte Gregor Schönfeld zum Superintendenten an die Kreuzkirche berufen. Er hatte sich in den Jahren zuvor bei der Abschaffung des Exorzismus in Sachsen hervorgetan.

Der Exorzismus war eine kultische Handlung, die durch starke Gebärden und beschwörende Worte bei der Kindertaufe die bösen Geister aus dem Täufling vertreiben sollte. Er war als ein Brauch der mittelalterlichen Kirche von der lutherischen Reformation übernommen worden, galt aber den stärker intellektuell geprägten Kalvinisten als ein papistischer Greuel, der unbedingt abgeschafft werden mußte. Die Gemeinde nahm diesen Brauch ernst und glaubte an seine Wirkung. Als nun die kalvinisch gesinnten Theologen ihn beseitigten, gab es dagegen Widerstand. Im Jahre 1591 kam ein Dresdener Fleischermeister mit dem Beil in der Hand zur Taufe seines Kindes in die Kirche, um den Pfarrer zur Anwendung des Exorzismus zu zwingen.

So spiegelt sich in den Vorgängen um die Kreuzkirche in den Jahren 1589 bis 1591 die allgemeine sächsische Kirchengeschichte wider. Wenn es den Kräften um Krell und den Kurfürsten Christian gelungen wäre, ihre Ziele zu erreichen, dann wäre aus dem lutherischen ein kalvinistisches Sachsen geworden, in dem für die Entfaltung der Kirchenmusik kein Raum geblieben wäre. Da auch das wichtige Amt des Kreuzschulrektors 1588 mit dem Kalvinisten Mag. Caspar Janitius besetzt worden war, läßt es sich ermessen, welchen ganz anderen Weg das Dresdener Kirchen-, Schul- und Musikleben hätte einschlagen können. Die Bewahrung des lutherischen Konfessionsstandes hat in dieser Hinsicht eine reiche Entfaltung ermöglicht.

Das machte sich im 17. Jahrhundert bemerkbar, als Dresden einen der großen Männer der Musikgeschichte in seinen Mauern aufnahm. Heinrich Schütz kam 1617 zum ersten Male in die Stadt, wohin er später nach siebzehnjähriger Abwesenheit 1645 zurückkehrte, um hier bis zu seinem Tode 1672 als Hofkapellmeister zu bleiben. Wenn die Kreuzkirche auch nicht seine eigentliche Wirkungsstätte war, so ergaben sich doch vielfältige Beziehungen zwischen der Hof- und der Kirchenmusik. Wenn ein Angehöriger des Fürstenhauses verstorben war, wurde die Leiche in die Kreuzkirche überführt und über ihr inmitten der Bürgerschaft die Leichenpredigt gehalten, bevor sie in die Fürstengruft am Freiberger Dom gebracht wurde. Auch die vom landesherrlichen Kirchenregiment veranlaßten Gottesdienste zur Jahrhundertfeier der Augsburgischen Konfession 1630 und zur Beendigung des Dreißigjährigen Krieges 1648 versammelten die Stadtgemeinde in ihrer Kirche.

Heinrich Schütz (1585 bis 1672), Reliefplatte in der Kreuzkirche

Das frühe 18. Jahrhundert setzte für die Geschichte der Kreuzkirche ein neues Schwergewicht. Im Jahre 1697 war der sächsische Kurfürst Friedrich August I. zur katholischen Kirche übergetreten, um damit die Voraussetzung für seine Wahl zum polnischen König zu schaffen. Das jahrhundertealte Band der konfessionellen Einheit von Fürst und Landesbewohnern war zerrissen, was naturgemäß in der Residenzstadt am stärksten empfunden wurde. Wie einst unter Kurfürst Christian I. war der lutherische Bekenntnisstand des Landes bedroht, die Stadtkirchgemeinde war darum besorgt, daß in ihren Mauern vom Schloß aus der Versuch ausgehen könnte, das Land katholisch zu machen. In dieser Lage erwuchs in dem Superintendenten Valentin Ernst Löscher ein standhafter Anwalt des unbeugsamen Luthertums, der in seiner Wirksamkeit weit über die Stadt hinausreichte. Er hatte dieses Amt von 1709 bis zu seinem Tode 1749 inne. Neben seiner vielfältigen wissenschaftlichen Arbeit als Theologe wandte er sich tatkräftig den religiösen Streitfragen zu, die damals die geistige Welt bewegten. Von seinem klaren lutherischen Standpunkt aus warf er sich in die Auseinandersetzung mit der Aufklärung, mit dem Pietismus und mit den Reformierten, indem er mit einer Denkschrift gegen den Versuch der preußischen Regierung vorging, die lutherische und die reformierte Kirche ihres Landes aus politischen Gründen zu verschmelzen. Besonders nachhaltig und mutig verteidigte er die lutherische Kirche gegen alle möglichen Gefährdungen seitens des katholisch gewordenen Herrscherhauses, bei dem er sich auch mit seiner schonungslosen Kritik an der zuchtlosen Lebensführung des Kurfürsten unbeliebt machte. Da er ein begabter und gern gehörter Prediger war, trug er seine Überzeugung auch mit Hilfe der Predigt unter das Volk. Während seiner Amtszeit war die Kreuzkirche ein Brennpunkt angespannten geistigen und geistlichen Lebens.

Wie stark das geistliche Leben an der Kreuzkirche in der zweiten Hälfte des 18. Jahrhunderts entfaltet war, zeigt ein Blick auf das Personal. Im Jahre 1752 waren hier folgende Pfarrer angestellt: der Pastor Primarius zugleich als Superintendent und Beisitzer im kursächsischen Oberkonsistorium, der Stadtprediger an der Frauenkirche und Senior der Kreuzkirchenpfarrerschaft, der Archidiaconus (Erster Diaconus) und Mittwochprediger an der Kreuzkirche, der Diaconus zum hl. Kreuz und Freitagsprediger, der Diaconus Substitutus (Hilfsprediger), der Frühprediger, der Diaconus und Mittagsprediger, der Prediger an der Sophienkirche, der Katechet und Diaconus, der Garnisonprediger. Das waren zehn Geistliche allein an der Kreuzkirche, die ein reiches Angebot an Gottesdiensten während der Woche und an jedem Tag bereithielten. Alle waren sie an den jeweils am Montag stattfindenden Katechismuspredigten beteiligt, die Diakone verrichteten darüber hinaus immer für eine Woche alle Gottesdienste am Jakobshospital. Alljährlich am 19. Sonntag nach Trinitatis, also etwa im Oktober, fand in der Frauenkirche eine Lehrpredigt gegen die Atheisten statt, die von einer „gottseligen Person" gestiftet worden war. Gerühmt wurde die theologische Bibliothek, die in der Sakristei der Kreuzkirche aufgestellt war.

Außer an der Kreuzkirche gab es damals innerhalb Dresdens an der Dreikönigskirche drei Pfarrer, einen in Friedrichstadt, zwei an der Annenkirche und je einen an der Johannis- oder Böhmischen Kirche, an der Lazarettkirche, an der Waisenhauskirche und an der Kirche des Ehrlichschen Gestifts (Krankenhaus). Bei einer Einwohnerzahl von 63 000 im Jahre 1755 standen zusammen mit der evangelischen Hofgeistlichkeit in Dresden 23 ordinierte Pfarrer im Dienst. Die Kreuzkirche war für die Bürgerschaft der Mittelpunkt des geistlichen Lebens, das damals noch weitgehend den Bildungshorizont des Bürgers und das Maß seiner Kultur bestimmte und ihm eine sichere Richtschnur in den Fragen seines sittlichen Verhaltens in Familie und Gesellschaft verschaffte.

Es läßt sich daher denken, welchen schweren Einbruch das gesamte öffentliche Leben mit der Zerstörung der Kreuzkirche durch preußische Artillerie während des Siebenjährigen Krieges erlitt. Am 14. Juli 1760 ging die spätgotische Kreuzkirche zugrunde, nur noch Ruinen ragten aus dem Trümmerhaufen empor. Die Gottesdienste wurden 32 Jahre lang notdürftig in der Johanniskirche verrichtet, die in einer Entfernung von wenigen hundert Metern vor der Stadtmauer lag.

Die Grundsteinlegung für den Neubau fand zwar schon bald nach dem Ende des Krieges am 16. Juli 1764 statt, aber der vom Ratszimmermeister Johann Georg Schmidt geleitete Bau kam nur langsam voran, zumal es Meinungsverschiedenheiten über die Gestaltung gab, denn es standen sich barocke und

Nach der Zerstörung der spätgotischen Kreuzkirche im Siebenjährigen Krieg durch preußische Artillerie (1760) wurde 1792 die neue Kreuzkirche eingeweiht. Ihr Bau war langwierig. Der Turm stürzte während der Bauzeit ein. Daraufhin überarbeitete der Architekt Gottlob August Hölzer die Pläne. Die heutige Kreuzkirche gleicht ihnen im wesentlichen.

klassizistische Auffassungen gegenüber. 1778 wurde endlich das Baugerüst vom Langhaus entfernt, dann ging man an die Errichtung des Turmes, der 1788 vollendet wurde. Am 22. November 1792 konnte die Kirche geweiht werden. Während der Bauzeit hatte die Beschaffung der gewaltigen Geldsummen manche Stockung verursacht, der Bau verschlang schließlich eine halbe Million Taler, die z. T. durch Landeskollekten und Spenden weit entfernter Städte wie Hamburg und Frankfurt/Main zusammengebracht wurden.

VERÄNDERUNG DER KIRCHGEMEINDE IN DER GROSSSTADT

Das 19. Jahrhundert brachte mit seinen tiefgreifenden wirtschaftlichen und sozialen Veränderungen auch neue Aufgaben für die Kreuzkirche und ihre Gemeinde. Die Einwohnerzahl der Stadt stieg von 51 175 im Jahre 1813 auf 104 199 im Jahre 1852, am Ende des Jahrhunderts machte sie 396 146 aus. Das erforderte entsprechende Maßnahmen auf dem Gebiet der Kirchenorganisation, um die Kirche in ihrer Arbeit besser mit der veränderten Wirklichkeit in Einklang zu bringen. Erste Schritte hierzu waren die Einrichtung einer eigenen Ephorie Radeberg 1821, die Abtretung von sechs Kirchspielen der Ephorie Dresden an die 1837 neugebildete Ephorie Dippoldiswalde und die Teilung der Ephorie Dresden in eine Stadtephorie, deren Superintendent weiterhin der Pastor Primarius der Kreuzkirche blieb, und eine Landephorie mit dem Stadtprediger an der Frauenkirche als Superintendenten im Jahre 1855. In den Folgejahren wuchs die Seelenzahl der Kreuzgemeinde weiter an, 1877 erreichte sie eine Höhe von fast 92 000 und war damit die größte in der ganzen sächsischen Landeskirche. Nur neun Geistliche betreuten diese Menschenmenge. Eine wirkliche Gemeindearbeit und seelsorgerliche Einwirkung auf den einzelnen war unter diesen Bedingungen nicht mehr möglich. Die von der Aufklärung herrührende, durch die sozialen Veränderungen weiter vorangetriebene Entkirchlichung breiter Kreise der Bevölkerung war besonders in einer Großstadt wie Dresden deutlich zu spüren. Die Kirche wollte ihr nicht nur durch eine Rückbesinnung auf eine erneuerte lutherische Theologie, sondern auch durch die Bildung kleinerer Gemeinden entgegentreten. In den kleineren Gemeinden erhoffte man sich eine Verbesserung der Seelsorge, ein stärkeres Gemeindebewußtsein und ein neues Verantwortungsgefühl der Gemeindemitglieder im Sinne einer Demokratisierung der evangelischen Kirche. Die Gemeinde wurde als die Grundlage der Kirche neu entdeckt.

Der seit 1873 amtierende Superintendent Gustav Moritz Franz erkannte diese Aufgabe und packte sie tatkräftig an. 1878 wurde die übermäßig große Kreuzgemeinde durch Verselbständigung zweier neu eingerichteter Gemeinden der Frauenkirche und der Johanniskirche geteilt. Einige weit am Rande des Kirchspiels gelegene Dörfer aus dem alten Bestande des Frauenkirchspiels wurden an nähergelegene Pfarrkirchen gewiesen. Selbständige Pfarrgemeinden entstanden 1880 in Striesen, 1887 in Blasewitz, 1889 im Süden der Stadt mit der Lukaskirche, 1891 in Löbtau, 1893 in Strehlen, 1902 in Bannewitz und 1908 in Gruna. Somit verengte sich der Gemeindebezirk der Kreuzkirche vor dem ersten Weltkrieg auf den Hauptteil der Altstadt mit der Seevorstadt und umfaßte 1913 nur noch 23 000 Seelen, die von fünf Pfarrern geistlich betreut wurden. Auch in diesem verkleinerten Rahmen war der kirchliche Betrieb noch von der Massenhaftigkeit geprägt, wenn man allein an die Taufen, die Trauungen, die Beerdigungen und die alljährlich Hunderte von Konfirmationen denkt. Zehn Verwaltungsmitarbeiter waren im Jahre 1913 mit der geschäftsmäßigen Abwicklung dieses Betriebes betraut. Eine solche große Gemeinde verfügte auch über reiche Geldmittel, so daß 1907 ein stattliches Pfarrhaus unmittelbar südlich vor der Kirche mit der Wohnung des Superintendenten, mit Beamtenwohnungen und einem Gemeindesaal für 400 Personen erbaut werden konnte.

1913 folgte ein Pastorenhaus für die vier nachgeordneten Pfarrer, für Gemeindeschwestern und kirchliche Vereine. Die Gemeinde der Kreuzkirche war bis zum ersten Weltkrieg ein getreues Abbild der evangelischen Landeskirche im ganzen, die in gewohnten volkskirchlichen Traditionen und staatskirchlicher Verfassung weiterlebte, ohne die grundlegenden Wandlungen im gesellschaftlichen Gefüge eines so stark industrialisierten Landes wie Sachsen ernsthaft wahrzunehmen und auf die Herausforderungen in wirksamer Weise zu antworten. Eine mit der staatlichen Macht verbundene, mit Vorrechten ausgestattete Kirche, die am steigenden Wohlstand der Gesellschaft teilnahm, konnte sich auch auf der Ebene der Gemeinde in aufwendigen Baulichkeiten darstellen. Sie lebte vom hingebungsvollen Einsatz ihrer Mitarbeiter, der Pfarrer, Kantoren, Verwaltungsangestellten, Gemeindeschwestern und Diakonissen und von der Treue ihrer bewußten Mitglieder, ohne den Zeichen des Niederganges bewußt entgegentreten zu können, die dem heutigen Betrachter jener kirchengeschichtlichen Epoche auffallen.

Eine solche Gemeinde war in der Lage, die dritte große Brandkatastrophe ihres Gottes-

Die 1792 eingeweihte Kreuzkirche wurde nicht sehr alt. Aus Sparsamkeitsgründen erhielt sie nur eine einfache Holzarchitektur mit Stuckverkleidung. Die leichte Brennbarkeit des Materials wurde ihr zum Verhängnis. 1897 brannte sie völlig aus.

hauses verhältnismäßig schnell zu überwinden. An dem zu Ende des 18. Jahrhunderts erneuerten Gebäude wurden im Laufe des 19. Jahrhunderts bestimmte Mängel seiner baulichen Gestalt deutlich. Man klagte vor allem über die Dunkelheit im Innern, die Kahlheit der Ausstattung und die schlechte Akustik. Aber es mußte erst die Jahrhundertfeier der Einweihung dieser Kirche vorbeigehen, die im Dezember 1892 festlich begangen wurde, bevor wirksame Maßnahmen ergriffen wurden. In den Jahren 1894/95 wurde die Kreuzkirche in elfmonatiger Arbeit mit einer Summe von 300 000 Mark im Innern umgestaltet. Am Baukörper selbst gab es keine Veränderungen, aber den Mängeln konnte spürbar abgeholfen werden. Diese Erneuerung hatte aber keine zwei Jahre Bestand,

Die Bergpredigt – Bronzerelief (1900) von Heinrich Epler

denn am 16. Februar 1897 brach im Dachraum ein Brand aus, der im Laufe des Nachmittags die ganze Kirche zerstörte, so daß nur die Umfassungsmauern und der unversehrte Turm stehenblieben. Es gelang innerhalb von drei Jahren, das Gotteshaus in neuer Gestalt wiederaufzubauen, so daß am 9. September 1900 die Weihe stattfinden konnte. Der Neubau beanspruchte unter Leitung der Architekten Schilling und Graebner die Summe von 1,785 Millionen Mark. Während der Bauzeit diente eine an der Bürgerwiese schnell errichtete Behelfshalle mit 2 000 Plätzen als Notunterkunft für die großen Gottesdienste, die Amtshandlungen wurden in die Sophienkirche verlegt.

Die Jahrzehnte vor dem ersten Weltkrieg waren somit für die Kreuzkirchgemeinde eine

In nur drei Jahren wurde die Kreuzkirche wieder aufgebaut. Besonders bemerkenswert ist die Innenausstattung der Architekten Schilling und Graener. Für den Kreuzchor wurde eine Sängertribüne gebaut. Der Kirchenraum erhielt eine dekorative Ausgestaltung im Neubarock mit Jugendstilelementen. (Einweihung am 9. September 1900)

Zeit erhöhter Belastungen ihrer materiellen Leistungsfähigkeit, wenn man allein an die Kirchenerneuerung 1894/95, den Kirchenneubau 1897–1900 und die umfangreichen repräsentativen Neubauten der Superintendentur und des Pastorenhauses denkt und die nach Zehntausenden zählende Menge der Gemeindemitglieder betrachtet. Die leitenden Kirchenmänner jener Jahre haben aber neben der zu bewältigenden Quantität auch die Qualität nicht aus dem Auge verloren, die von ihnen in bezug auf die Art und Weise ihrer Tätigkeit verlangt wurde. In dieser Hinsicht brachte die Kirchenvorstands- und Synodalordnung von 1868 für die ganze sächsische Landeskirche eine wesentliche Neuerung, indem sie die Mitbestimmung und Verantwortung der Kirchgemeinde für ihre

Eine Aufnahme vom Altmarkt mit der Kreuzkirche vom Jahre 1934

eigenen Angelegenheiten festlegte. Für die Kreuzkirchgemeinde wurden die 18 Mitglieder des Kirchenvorstandes am 25. August 1868 gewählt, unter denen die Angehörigen des gehobenen Bürgertums, die Akademiker, Beamten und Adligen vorherrschten.
Die mancherlei Bemühungen, das kirchliche Leben unter veränderten gesellschaftlichen Umweltbedingungen in wirksamer Weise fortzuführen, sind für die Kreuzkirchgemeinde mit dem Namen von Franz Dibelius verbunden. Nach zehnjähriger Tätigkeit an der Annenkirche wurde der begabte Prediger 1884 in das Amt des Pastor Primarius an der Kreuzkirche und des Superintendenten für die Ephorie Dresden I berufen. 1885 führte er an seiner Kirche den Kindergottesdienst ein, der bald regelmäßig von etwa 1 000 Kindern besucht wurde, zu deren Betreuung in 50 Gruppen Helfer aus der Gemeinde bereitstanden. Dibelius kam im Alter von 37 Jahren in das verantwortungsvolle Amt, das er mit großer Hingabe an die ihm übertragenen seelsorgerlichen Aufgaben und einem sehr bewußten Blick auf die besonderen Anforderungen ausübte, die einer Großstadtgemeinde gestellt waren.
Die evangelische Kirche jener Zeit nutzte die Möglichkeiten, die das im 19. Jahrhundert mächtig aufgeblühte Vereinswesen bei der zeitgemäßen Entfaltung kirchlichen Lebens bot. Schon 1869 war ein Arbeiterinnenverein gegründet worden. 1885 folgte ein Jünglingsverein, 1890 ein Jungfrauenverein; hinter den für uns Heutige altmodischen Bezeichnungen verbarg sich das Bemühen um den Aufbau der jungen Gemeinde. 1890 wurde die Gemeindediakonie eingeführt, in deren Dienst drei Diakonissen für die Kranken, Alten und Armen sorgten. Ein Großmütterverein und ein Nähverein vervollständigten das Bild. Die geistliche Betreuung der Gemeindemitglieder wurde 1890 mit der Aufteilung der Gemeinde in Seelsorgebezirke verbessert. Seit 1894 erschien der Kirchenkalender der Kreuzgemeinde, der die Gemeinde über die Arbeit des Kirchenvorstandes und über allgemeine Fragen des kirchlichen Lebens unterrichtete.
Bei alledem konnte ein Nachlassen an gewissen Formen des Gottesdienstes nicht verborgen bleiben. Die alltäglich um die Mittagszeit stattfindenden Betstunden mußten 1884 auf den Mittwoch eingeschränkt und zwei Jahre später wegen mangelnder Beteiligung ganz eingestellt werden. Seit 1890 ging die Zahl der Abendmahlsteilnehmer zurück, was Dibelius durch ein vermehrtes Angebot an Abendmahlsfeiern aufzufangen suchte. Die Einrichtung der Kreuzchorvesper am Sonnabend seit etwa 1890, die Einbeziehung des Chores in den Gemeindegottesdienst, eine Neuordnung des Turmblasens vor den hohen Feiertagen und die regelmäßige Aufführung der großen Oratorienwerke von Johann Sebastian Bach durch den 1906 berufenen Kreuzkantor Richter dienten der Absicht, mit Hilfe der Kirchenmusik das gottesdienstliche Leben neu zu gestalten.
Als Franz Dibelius 1910 mit der Berufung zum Oberhofprediger das damals höchste geistliche Amt der sächsischen Landeskirche übernahm, folgte ihm 1911 als Superintendent Franz Heinrich Költzsch, der schon einmal von 1891 bis 1902 Pfarrer an der Kreuzkirche gewesen war. Er nahm mit sichtlicher Entschlossenheit die Herausforderungen an, die sich ihm mit der Entfremdung der Großstadtbevölkerung vom kirchlichen Leben stellten. Über das gedruckte Wort wollte er in die Gemeinde hineinwirken, wozu er seit 1912 jährlich zweimal ein „Dresdner Kirchenblatt" in 140 000 Exemplaren kostenlos verteilen ließ, seit 1916 gab er ein eigenes Kirchenblatt der Kreuzgemeinde mit einer Auflage von 7 000 Stück jährlich sechsmal heraus. Mit großem persönlichen Einsatz nahm er darin zu vielen Fragen von Kirche und Welt, Gesellschaft, Kultur, Sittlichkeit, Berufsleben und Arbeitslosigkeit Stellung. Ein 1912 berufener Jugendpfleger bemühte sich um neue Formen kirchlicher Jugendarbeit, an der auch Költzsch persönlich interessiert war und weitere Kreuzpfarrer mitwirkten. Dem Rückgang des Gottesdienstbesuchs wurde mit einem vielgestaltigen Gemeindeleben entgegengetreten, mit Gemeindeabenden, kirchenmusikalischen Darbietungen, Informationsstunden über die Tätigkeit des Kirchenvorstandes, Familienabenden, den seit 1916 vierteljährlich abgehaltenen Männerabenden und durch die karitative Tätigkeit.
Der Beginn des ersten Weltkrieges rief zunächst eine außergewöhnliche Steigerung des Kirchenbesuchs hervor, die sich freilich nicht durchhalten ließ. Die Feiern zum 400. Jubiläum der Reformation im Jahre 1917 stellten trotz der bedrohlichen Kriegslage in der Kreuzgemeinde einen Höhepunkt mit Festgottesdienst, Festversammlung und einer Vortragsreihe dar, in der ein Lutherbild in ungebrochener Tradition dargeboten wurde.

Die Novemberrevolution von 1918 brachte die Ernüchterung. Die Verbindung von Thron und Altar wurde aufgelöst, das

Staatskirchentum beseitigt und selbst der Religionsunterricht an den Schulen in Frage gestellt. Die Zahl der Kirchenaustritte nahm zu. Költzsch stellte sich als ein unbeugsamer Streiter für den evangelischen Glauben, wie er ihn verstand, dieser Entwicklung entgegen. Als Abgeordneter der Deutsch-Nationalen Volkspartei ist er sogar in die Weimarer Nationalversammlung gegangen, was er persönlich als ein Opfer betrachtete. Der Rückgang des kirchlichen Lebens war nach 1918 für die Gemeinde nicht bedrohlich, aber spürbar. Mit der Umgestaltung der Altstadt in eine moderne Großstadt-City traten Geschäfts- und Bürohäuser an die Stelle von Wohnhäusern, was einen Rückgang der Wohnbevölkerung zur Folge hatte. Im Jahre 1930 machte die Seelenzahl der

Der Zerstörung der Dresdner Altstadt durch anglo-amerikanische Bombenangriffe am 13. Februar 1945 fiel auch die Kreuzkirche zum Opfer. Freiwillige kirchliche Mitarbeiter aus der Stadt, auch aus dem Kreuzchor, begannen unmittelbar nach Kriegsende mit Aufräumungsarbeiten. In der ausgebombten Kirche fand am 4. August 1945 die erste Kreuzchorvesper statt, zum Gedenken an die Opfer der Schreckensnacht.

Der Altar der Kreuzkirche, Zustand im Mai 1949

Kreuzgemeinde nur noch 18 633 aus. Die Zahl der Taufen und der Teilnehmer an den Kindergottesdiensten ging zurück, die Zahl der Konfirmanden sank von 277 im Jahre 1928 auf 112 vier Jahre später. Eine kirchliche Aufbauwoche war 1932 bemüht, unter dem Thema „Vom Sinn des Lebens" Auskunft über die letzten Fragen des Menschseins zu geben. Der Frauenverein der Gemeinde gab 1929 7 150 Mittagessen an bedürftige Leute aus, vermittelte zwölf kostenlose Urlaubsplätze und verschenkte 210 Weihnachtspakete. Alles wurde getan, was an geistlicher Wirksamkeit und praktischer Hilfe möglich war.

In dieser Zeit einer starken Anspannung aller kirchlichen Kräfte baute sich von ganz anderer Seite eine noch ernstere Gefahr für

Am 13. Februar 1955, zehn Jahre nach ihrer Zerstörung, wurde die Kirche durch Landesbischof Noth geweiht. Das Innere der Kirche ist schlicht und sachlich, ohne Schmuck.

die Kirche auf: es ging um die Bewahrung des rechten Glaubens und um das Fortbestehen der Kirche überhaupt. Gegen die nationalsozialistische Weltanschauung mit ihrem Rassenwahn und Antisemitismus wurde die Kreuzgemeinde in ihrem Gemeindeblatt auf das Evangelium als Maßstab hingewiesen, an dem auch die völkische Bewegung gemessen werden müsse. Der 1928 berufene Superintendent Johannes Ficker und andere Pfarrer der Kreuzkirche gehörten zu den mutigen Männern und Frauen, die sich von einem klaren Bekenntnisstand aus gegen die politische Überfremdung der Kirche zur Wehr setzten. Schon am 30. Juni 1933 wurde er seines Amtes enthoben, sein fortgesetztes furchtloses Verhalten machte ihn durch das Vertrauen der Pfarrer zu einer Führerpersönlichkeit der Bekennenden Kirche in Sachsen. Als Mitglied des Pfarrernotbundes nahm er nach der Bekenntnissynode in Berlin-Dahlem im November 1934 seine Amtsgeschäfte wieder auf. Im November 1935 wurde er in einer Zeit der Beruhigung des Kirchenkampfes zum Vorsitzenden des Landeskirchenausschusses gewählt, der damals an die Spitze der sächsischen Landeskirche trat. Vom September 1937 bis Februar 1941 war er wieder beurlaubt, was ihn jedoch nicht daran hinderte, im Juli 1939 im Gedenken an die Einführung der Reformation im albertinischen Sachsen vor 400 Jahren eine beeindruckende Festwoche seiner Gemeinde zu veranstalten, wobei der Kreuzchor im Gewande der Musik ein deutliches Bekenntnis vortrug und Ficker die Festpredigt hielt, die in vervielfältigter Form verbreitet wurde. Die Dresdener Kreuzkirche war ein Brennpunkt im Kampf um das wahre Evangelium und gegen den Mißbrauch des Glaubens für die politische Macht.
Brennpunkt in einem ganz anderen Sinne wurde die Kreuzkirche in der Schreckensnacht des 13. Februar 1945, als die Altstadt Dresdens vernichtet wurde. Sie brannte völlig aus und war nicht mehr benutzbar. Superintendent Ficker war am 27. Januar 1945 plötzlich verstorben, die anderen drei Kreuzpfarrer verloren mit ihren Familien im Keller des Pastorenhauses ihr Leben, ebenso elf Kreuzschüler und ungezählte Mitglieder der Gemeinde. Die Reste der Kreuzgemeinde sammelten sich seit August 1945 in der nur leicht beschädigten Annenkirche zu bescheidenen Gottesdiensten. In den Ruinen der Kreuzkirche sang am 4. August 1945 der Kreuzchor zum Gedenken an die Toten des 13. Februar die Kantate „Wie liegt die Stadt so wüst", die Kreuzkantor Rudolf Mauersberger unter dem Eindruck der Zerstörung Dresdens in der Karwoche komponiert hatte. Das unermüdliche Drängen dieses Mannes war eine wesentliche Kraft für den Wiederaufbau der Kirche in den folgenden Jahren.

Im Frühjahr 1946 konnte mit den Bauarbeiten begonnen werden, die sich den Umständen der Zeit entsprechend unsäglich mühsam gestalteten. Am zehnten Jahrestag ihrer Zerstörung wurde die Kirche durch Landesbischof D. Gottfried Noth wieder geweiht. Da an die Wiederherstellung der alten Ausschmückung des Innenraums nicht zu denken war, die Kirche aber möglichst bald für den Gottesdienst zur Verfügung stehen sollte, wurden die Mauern im Innern völlig schmucklos mit einem Rauhputz beworfen, der die reine Form besonders deutlich zur Geltung bringt. Der dadurch entstandene Raumeindruck vermittelt Größe und ist in seiner Schlichtheit dem schweren Schicksal der Kirche angemessen. Sie verfügt über 3 300 Sitzplätze und kann zusammen mit den Stehplätzen 5 000 Menschen fassen.

DIE KREUZKIRCHE IN ANFECHTUNG UND BEWÄHRUNG

Mit dem Wiederaufbau nach 1945 ist die Kreuzkirche in einen neuen Abschnitt ihrer Geschichte eingetreten, der in ihrer Vergangenheit ohne Vergleich ist. Die „Hütte Gottes unter den Menschen" stand jetzt in einer fast völlig zerstörten, fast unbewohnten Stadt, deren neue Herren sich zur Gottlosigkeit bekannten, weshalb es in ihren utopischen Visionen von einer paradiesischen Gesellschaft auf dieser Erde keine Kirche mehr geben sollte. Die Dresdener Kreuzkirche wurde in den Kampf um den Geist mitten hineingestellt. Die letzten 45 Jahre ihrer Geschichte reden von der Kraft der christlichen Gemeinde, vom Behauptungswillen der Kirche und vom Sieg des Glaubens über die Macht. Sie zeugen aber auch von der Fähigkeit der Kirche, sich unter ganz neuen Bedingungen neuen Aufgaben zu stellen.

Nachdem in den späteren fünfziger Jahren wieder eine Wohnbebauung im Altstadtgebiet entstanden war, wurde im Bereich der nunmehr vereinigten Kreuz-, Frauen- und Johannisparochien mit dem Neubau der Gemeinde begonnen. Die Menschen in den neuen Wohnhäusern wurden besucht, in ungezählten Einzelgesprächen wurde ihnen die Botschaft nahegebracht und so eine Gemeinde gesammelt, die schließlich 4 000 Glieder zählte. Da die Bewohner der wiedererstehenden Altstadt größtenteils jüngere Menschen waren, war diese Gemeinde auch eine kinderreiche Gemeinde mit über hundert Kindern in der Christenlehre.

Der materielle Aufbau des Kirchengebäudes gestattete es seit 1960, wieder allsonntäglich Gottesdienst abzuhalten. Zum Reformationsfest 1963 wurde eine neue große Orgel geweiht. Auch für den Neubau des Pfarrhauses neben der Kirche war schon Vorsorge getroffen, die Baugrube war fertig ausgehoben. Es war daher eine schwere Enttäuschung, daß der Bau von der herrschenden SED verboten wurde, die anstelle des Pfarrhauses ein Haus für die SED-Kreisleitung errichtete. Das Fehlen eines eigenen Hauses für Pfarrer und Kirchgemeinde hat sich naturgemäß sehr nachteilig ausgewirkt.

Dennoch hat diese Kirche in die Stadt hineingewirkt, sie ist in des Wortes tiefster Bedeutung von der Stadt angenommen worden. Die Kreuzchorvespern am Samstagnachmittag, die Weihnachts- und Ostergottesdienste und die großen Kirchenmusiken haben jedesmal die Bewohner aus allen Teilen Dresdens weit über die eigene Gemeinde hinaus zusammengeführt. Der sächsische Landesbischof D. Noth erwählte die Kreuzkirche zu seiner Predigtkirche, in der er seit 1965 monatlich einmal den Predigtgottesdienst hielt. Bei der Amtseinführung seines Nachfolgers Dr. Johannes Hempel im Jahre 1972 versammelte sich hier ein großer Teil der sächsischen Pfarrerschaft. So hatte die Kreuzkirche für ganz Sachsen den Rang einer Bischofskirche erhalten, während sie für die Bewohner der Stadt zu einem Ort gegenwartsnaher Verkündigung des Wortes Gottes wurde. Das täglich geöffnete Gotteshaus lädt inmitten der Stadt die Einheimischen und die nun wieder zahlreicher werdenden Fremden zum Besuch ein, bietet ihnen mit der stummen Sprache seines noch vom Kriegsschicksal gezeichneten Innenraumes die Gelegenheit zur Andacht und gibt den Raum für wechselnde Ausstellungen kirchlicher Kunst, die den Menschen unserer Tage anspricht und betroffen macht.

Ein Gottesdienst mit Roger Schütz aus Taizé füllt die Kirche ebenso wie die Veranstaltungen des Dresdener Kirchentages zum Lutherjubiläum 1983. Die Kreuzkirche ist der geistliche Mittelpunkt der Stadt Dresden. In ihr finden alle diejenigen Trost, Zuspruch und Hoffnung, denen die Kraft zum Widerstehen gegen eine bedrückende staatliche Gewalt nicht verlorengegangen ist und die den Mut besitzen, anders zu sein, als es die herrschende Ideologie von ihnen verlangt.

So hatte die Dresdener Kreuzkirche bis zum Anfang der achtziger Jahre ihren Platz im grauen Alltag der DDR-Bewohner gefunden. Sie war selbst ein Stück dieses Alltags geworden und half vielen Menschen, in ihm ihren Platz zu finden, sich einzurichten und das Leben erträglich zu machen. In den Augen der Machthaber war sie ein nicht unerwünschter Ort, von dem aus der Kreuzchor in die Welt hinauswirkte und das Trugbild einer heilen Welt aus humanistischem Erbe darstellte. Eine um den inneren Frieden besorgte Kirche lenkte gefährliche kritische, das Regime bedrohende Strömungen in geordnete, ruhige Bahnen, wo sie „be-

Liturgischer Dienst von Kruzianern in der Kreuzkirche
Der Geist der Friedfertigkeit in der Kirche, durch das Licht der Kerzen auf die Straßen getragen, wurde Ausdruck des stillen Protestes in den Herbsttagen 1989.

rechenbar" und „durchschaubar" blieben. Für die Verantwortlichen in der Kirche war dieses Gotteshaus ein Raum, in dem sie bedrängten Menschen Schutz und Hilfe bieten und ihnen in seelischen Nöten beistehen konnten, wo sie die noch immer anerkannte geistliche Autorität der Kirche einsetzen konnten, um für die Schwachen einzutreten und die Mächtigen an ihre Pflichten zu gemahnen. Für die zahllosen Kirchenbesucher, unter ihnen in großer Zahl junge Menschen, war die Kreuzkirche ein Ort der Zuflucht, wo sie ein Dach zur Versammlung und zum mutmachenden Erlebnis der Gemeinschaft, wo sie Verstehen für ihre Anliegen, Zuwendung und Zuspruch und die Gelegenheit zum befreienden Gespräch inmitten einer gesprächslosen, staatlich gelenkten Gesellschaft fanden. Die Kreuzkirche war ein Brennpunkt in der äußerst angefochtenen Stellung der evangelischen Kirche in der DDR, in ihren Mauern trafen die verschiedensten Interessenlinien aufeinander, sie hatte wie kaum eine andere Kirche in unserem Lande die ganze Wucht der Spannungen auszuhalten und sie bot sich dafür an. Es hätte noch lange so weitergehen können, in Spannung lebend und doch für den Ausgleich wirkend.
Aber die in der DDR aufgewachsenen Spannungen hatten Kräfte zutage gefördert, die nach Lösungen drängten. Da die Kirche der einzige staatsfreie Raum für gesellschaftliches Handeln war, fiel ihr eine Aufgabe zu, die eigentlich nicht ihre Sache ist, die sie aber um der Menschen willen angreifen mußte, womit sie doch wieder zu ihrer eigentlichen Sache kam. Am Anfang des Jahres 1982 waren die an die Kirche angeschlossene Friedensbewegung so stark und das Unbehagen über die politischen Verhältnisse so unerträglich geworden, daß die vorwiegend von jungen Menschen getragenen Friedensgruppen für den 13. Februar in Dresden eine Demonstration vor der Ruine der Frauenkirche planten. Staatliche Sicherheitsorgane stellten sich auf harte Auseinandersetzungen ein. Um des Friedens willen lud der säch-

sische Landesbischof Dr. Hempel die Friedensgruppen in die Kreuzkirche ein, wo sie von staatlicher Gewalt unbehelligt ihren Willen zur Veränderung kundtun konnten. Seitdem war sie alljährlich am 13. Februar, manchmal auch im Wechsel mit der katholischen Hofkirche, der Versammlungsort für Tausende friedlicher Demonstranten, die gerade in der Besinnung auf die sinnlose Zerstörung Dresdens das Gefühl der Verantwortung für einen Frieden wecken wollten, der anders aussehen sollte als der von Partei und Staat verordnete Friede.
Nachdem im Jahre 1983 im ökumenischen Rahmen die weltweite Einladung zu einer konziliaren Bewegung für Frieden, Gerechtigkeit und Bewahrung der Schöpfung ergangen war, wurde die Dresdener Kreuzkirche in einer folgerichtigen Fortführung ihrer Bemühungen um eine gegenwartsnahe Verkündigung zur Begegnungsstätte für alle daran Beteiligten in der DDR ausgewählt, zumal ihr Superintendent Christof Ziemer dabei eine führende Rolle übernahm. Wieder war es der 13. Februar, der im Jahre 1988 die *Konzilsbewegung* in diesem Gotteshause zusammenführte. Dabei war eine spürbare Steigerung, ein stärkeres Vorwärtsdrängen und eine größere Ungeduld gegenüber den starr gebliebenen staatlichen Verhältnissen zu bemerken. Nachdem am 13. Februar 1989 nochmals die Friedensdemonstration stattgefunden hatte, stellte der Herbst dieses Jahres mit seinen umwälzenden Ereignissen die Kreuzkirche wieder in den Mittelpunkt des Geschehens.

Am 4. und 5. Oktober fuhren Züge mit DDR-Bürgern, die in der Prager Botschaft der Bundesrepublik Deutschland die Ausreisegenehmigung erhalten hatten, über den Dresdener Hauptbahnhof nach Westdeutschland. Dabei kam es zu gewalttätigem Vorgehen von Polizisten gegen Jugendliche und zu zahlreichen Verhaftungen unter unmenschlichen Bedingungen. Die Erregung in der Stadt stieg an und führte am Abend des 8. Oktobers, eines Sonntags, zu einer Massendemonstration in der Dresdener Innenstadt. Aus den Zehntausenden wurde eine „Gruppe der Zwanzig" für Gespräche mit staatlichen Organen ausgewählt. Superintendent Ziemer brachte mit Mühe eine Verbindung zum Oberbürgermeister Berghofer zustande, der sich zum Empfang der Sprechergruppe am nächsten Vormittag bereit erklärte. Der Mann der Kirche trat im Interesse der Menschen an den Mann der staatlichen Gewalt heran. Kirche und Rathaus, wie Martin Luther es gesagt hatte, mußten zusammenwirken, um den Frieden zu erhalten. Die Kreuzkirche liegt einen Steinwurf vom Dresdener Rathaus entfernt.
Am nächsten Abend wurde in der überfüllten Kreuzkirche und drei anderen Dresdener Kirchen das Ergebnis der Gespräche vom Vormittag bekanntgegeben. Es war eine Verkündigung besonderer Art, die hier aus der Kirche in die ungeduldige, bedrängte und erregte Bevölkerung hineingetragen wurde und von ihr erwartet wurde. Die Dresdener Kreuzkirche war neben der Nikolaikirche zu Leipzig und der Gethsemanekirche zu Berlin zu einem der entscheidenden Ausgangspunkte der friedlichen Revolution geworden, die im Herbst 1989 unumkehrbar das morsch gewordene Herrschaftssystem der DDR zu Fall brachte. Sie blieb in vorderster Linie im Kampf gegen staatliche Bevormundung für die Würde des Menschen. Das lange Ringen der Dresdener Bürgerbewegung gegen die umweltgefährdende Errichtung eines Reinstsiliziumwerkes in Dresden-Gittersee wurde mit einer Versammlung in der Kreuzkirche erfolgreich beendet, wobei die Teilnehmer erfahren konnten, daß der Plan aufgegeben worden sei. Am 5. November bildete sich unter dem Glockengeläut der Kreuzkirche nach einem Bittgottesdienst ein Ring kerzentragender Menschen um das Gebäude. Daraus formierte sich ein stiller Zug von mehreren zehntausend Dresdenern durch die Alt- und Neustadt, der sich zweieinhalb Stunden

später vor der Kreuzkirche friedlich auflöste. Viele Kerzen wurden vor den Polizeigebäuden und dem Rathaus niedergesetzt. Die sanfte Revolution in der DDR ist aus Kirchenmauern hinaus auf die Straßen gegangen und hat dabei etwas von dem Geist der Friedfertigkeit und Versöhnung mitgenommen, wie er von Jesus von Nazareth in die Welt gebracht worden ist. Die Dresdener Kreuzkirche hat daran einen maßgeblichen Anteil.

Was wäre eine Stadt ohne Kirche? Was wäre diese Stadt Dresden ohne diese Kreuzkirche heute und gestern. Die Kirche gehört zur Stadt und in die Mitte der Stadt. Sie ist ihr gesellschaftlicher und kultureller Mittelpunkt gewesen, so lange diese Stadt besteht.
Die Geschichte der Kreuzkirche erzählt von kaufmännischem Wagemut unter gefahrvollen Bedingungen des hohen Mittelalters, von Bürgersinn und Bürgerfreiheit in der jungen Stadt und vom Ringen der Geister um das rechte Verständnis christlicher Verkündigung. Die Kirche steht seit mehr als 800 Jahren mitten im Alltag und Werktag der Bürger, sie hat die Schicksale, die Glanzzeiten und die Katastrophen der Stadt an sich erlebt und durchgestanden. Von der Kirche gingen die ersten Anstöße zu künstlerischer Gestaltung, geistiger Bildung und musikalischer Leistung aus, die kultischen Formen der Gottesverehrung gaben den Antrieb zur Entfaltung der Kultur, die aus den Kirchenmauern hinaustrat und die Stadt auch zu einem Hauptort europäischer Kultur werden ließ. Das Geschehen um die Kreuzkirche war nicht frei von Abwegen, auf die eine mit der weltlichen Macht verbundene Kirche geraten konnte, aber sie war stets auch ein Haus Gottes und damit ein standiges Angebot an die Menschen, über allem irdischen Tun an die andere Seite ihres Menschseins zu denken, an das Jenseitige in unserem Leben, an das Bleibende, an das Ewige.
Das Jenseitige im Leben der Menschen und der Gesellschaft kann vernachlässigt, vergessen, verspottet, verschüttet oder gewaltsam unterdrückt werden, aber es bricht je zu seiner Zeit wieder durch aus dem tiefsten Grund, auf dem das Menschsein seit seinen Anfängen beruht. Gerade in Zeiten der Not und Bedrängnis wird das Ahnen und Wissen um einen Gott wieder lebendig, rührt sich das verstörte Gewissen und wird Verantwortung wieder bewußt. Dann ist es gut, daß es eine Kirche gibt, die Zuflucht und Ermutigung bieten kann, die aus ihrer Bindung an das Jenseitige in die Welt hineinwirken und aus ihrer Ohnmacht heraus gegen den Mißbrauch der Macht ihre Stimme erheben kann. Die Dresdener Kreuzkirche war in den jüngsten Jahren ihrer langen Geschichte ein herausragender Ort, an dem eine solche Sendung der Kirche wirksam werden konnte. Auch in ihr ist ein Stück von dem „guten Kampf des Glaubens“ ausgetragen worden, in dem es um die Würde des Menschen als Gottes Ebenbild geht. Das Jahr 1989 hat der Geschichte der Dresdener Kreuzkirche die Krone aufgesetzt.

LITERATURHINWEISE

Codex diplomaticus Saxoniae regiae, Zweiter Hauptteil, 5. Band: Urkundenbuch der Städte Dresden und Pirna, herausg. von *K. Freiherr von Posern-Klett,* Leipzig 1875.

Heinrich Butte, Geschichte Dresdens bis zur Reformationszeit. (Mitteldeutsche Forschungen Bd. 54), Köln, Graz 1967.

Karl Gottlob Dietmann, Die gesamte der ungeänderten Augsburgischen Konfession zugetane Priesterschaft in dem Kurfürstentum Sachsen, 1. Band, Dresden, Leipzig 1752.

Neue Sächsische Kirchengalerie: Die Ephorie Dresden I, herausg. von *P. Flade,* Leipzig 1906.

Die Kreuzkirche zu Dresden. Herausg. von *Gerhart Wendelin,* Berlin 1973.

Karlheinz Blaschke, Nikolaipatrozinium und städtische Frühgeschichte. In: Zeitschrift für Rechtsgeschichte, Kanonist. Abt., 84. Band (1967), S. 273–337.

Thomas Klein, Der Kampf um die zweite Reformation in Kursachsen 1586–1591 (Mitteldeutsche Forschungen Bd. 25), Köln, Graz 1962.

Günther Wartenberg, Landesherrschaft und Reformation. Moritz von Sachsen und die albertinische Kirchenpolitik bis 1546. Weimar 1988.

Steffen Heitmann, Geschichte der Ephorie Dresden I. Eine strukturgeschichtliche Untersuchung. In: Herbergen der Christenheit, Jahrbuch für deutsche Kirchengeschichte Bd. 10 (1976), S. 163–191.

von Gerhard Arnhardt*

DIE KREUZSCHULE ZU DRESDEN IM WANDEL DER ZEITEN

DIE ANFÄNGE DES LEHRENS UND LERNENS AN DER KREUZSCHULE

Die Kreuzschule war und ist ein Spiegelbild der reichen und unverwechselbaren Dresdner Kultur- und Bildungsgeschichte. Von daher empfing sie kräftige Impulse. Sie ihrerseits strahlte aber auch von Beginn an auf das geistige Leben der Stadt aus. Ihre Geschichte wurde von Markgrafen, Kurfürsten, Königen, Ministern, weitsichtigen Reformatoren, Politikern verschiedener Couleur, bekannten Dresdner Bürgern, vor allem aber von Rektoren, Lehrern, Kantoren sowie Tausenden Schülern geschrieben. Sie erlebte Phasen des Aufschwungs und der Stagnation. Mehrmals wechselte sie Namen, Räumlichkeiten und Konzepte. Neues löste historisch Überholtes ab. Große Geister, aber auch engstirnige Philister und Dogmatiker beeinflußten ihre Geschichte.

Letztlich bildete sich über Jahrhunderte Beständiges, die Zeiten Überdauerndes, Bewahrenswertes heraus. Es entstand eine spezifische, dem Christentum und Humanismus verpflichtete Tradition, zu der sich sowohl Lehrer wie Schüler bekannten und bekennen. Mit berechtigtem Stolz und mit Dankbarkeit betonten und betonen sie den Namen ihrer geschichtsträchtigen Lehr- und Lernstätte.

Die folgende Skizze soll aber nicht nur einer pietätvollen Geschichtsbetrachtung dienen, sie soll nicht nur den Blick auf Vergangenes richten, sondern auch auf das, was heute und in Zukunft von einer sich erneuernden Kreuzschule zu tun ist. Dabei kann die Hinwendung der Schule zu ihren Traditionen, die eine Aufarbeitung des Erbes voraussetzt, hilfreich sein.

Im 13. Jahrhundert verliehen die Markgrafen von Meißen der Stadt Dresden wichtige Privilegien. Dadurch konnten Handel und Gewerbe aufblühen. Das entstehende Bürgertum strebte nach größerer Unabhängigkeit vom Landesherren. Schließlich wurde die städtische Selbstverwaltung im Jahr 1292 erreicht. Von dieser Zeit an stand ein Bürgermeister, genannt magister civium oder magister consulum, an der Spitze der Verwaltung, des Rates. Er hatte seit dem Ende des 14. Jahrhunderts Einfluß auf die Berufung von Schulmeistern und Rektoren.

Der erste namentlich bekannte Rektor, wie eine erhaltene Urkunde aus dem Jahre 1300 bezeugt, war Conradus, vormals Kaplan des Burggrafen von Dohna. Ihm folgte 1334 Hermannus, bis dahin Pfarrer in Markranstädt.

In diesen Jahrzehnten oblag dem Rektor das Recht, sogenannte Schulgesellen (gebildete Hilfskräfte) einzustellen, die ihm bei der Arbeit zur Hand gingen. Gleichfalls betreuten sie die im Alumnat (Internat) lebenden auswärtigen Kinder. Für diese Alumnen waren zunächst Unterkunft und Verpflegung frei.

Wer von den Schülern kein Schulgeld aufbringen konnte, mußte es sich beispielsweise durch Sammeln von Brennholz, Hilfsarbeiten in der Kirche oder in der Stadt, Auftritte im Hause reicher Bürger und in der markgräflichen Residenz – oft wurden kleine Komödien gespielt – oder durch die Teilnahme an Gesängen bei feierlichen Anlässen verdienen. Die Lehrer konnten durch Dienste in der Kirche und bei Begräbnissen sowie durch Erteilen von Privatunterricht ihre Lage verbessern. Kirchliche Stiftungen und Spenden stützten die Unterhaltung der Schule. Auch aus den Einnahmen des Brückenamtes wurden ihr, wie Rechnungen, Zollunterlagen und Verordnungen belegen, Beträge zugeführt.

Die Existenz der Kreuzschule wird erstmals 1370 in der „Nota census sanctae crucis Dresden" erwähnt, die im „Codex Diplomaticus – Saxoniae Regiae" enthalten ist. 1393 entstand das erste Schulgebäude neben der Kreuzkirche. 1480 fand ein Erweiterungsbau statt, der 1491 dem Stadtbrand zum Opfer fiel. Der zwei Jahre später vollendete Neubau enthielt Wohnungen für den Rektor und die Schulgesellen. In ihm war auch das Alumnat untergebracht. Spenden von Bür-

* Mitarbeit von K. Adler, S. Heidecke und G. Schreiter

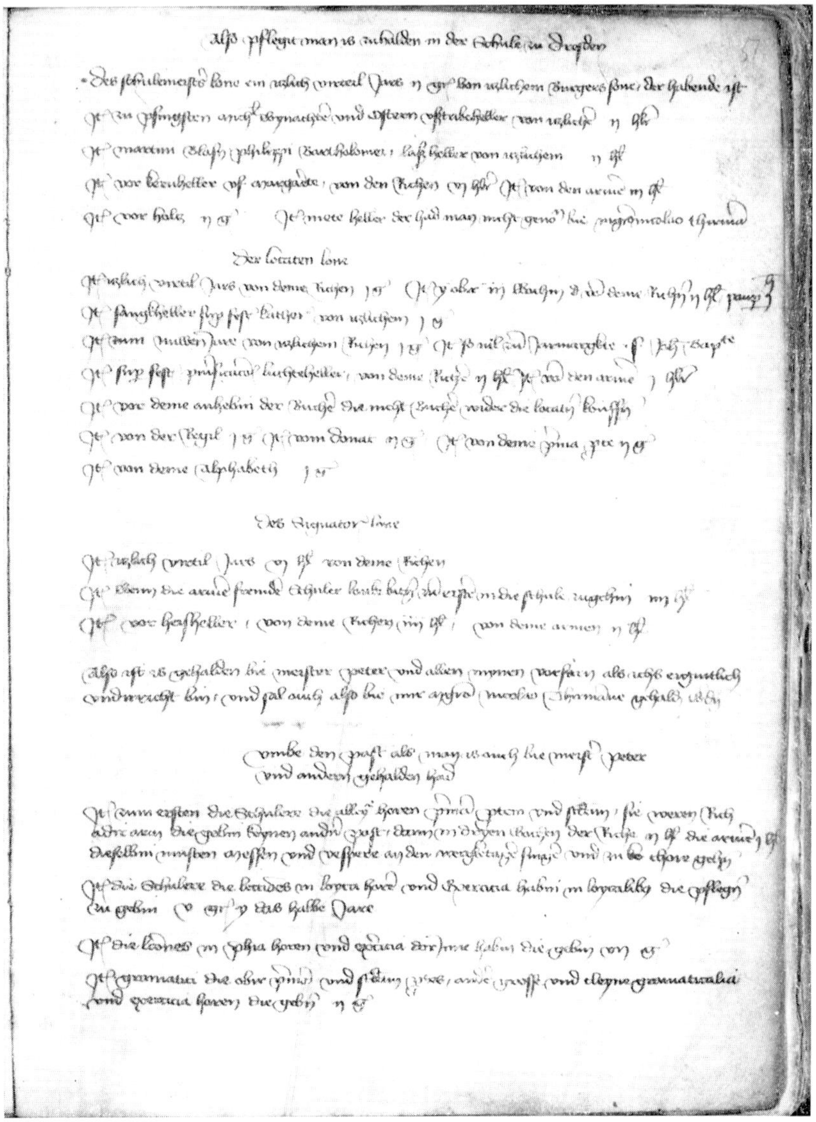

Also pflegit man is zu halden in der Schule zu Dresden

Älteste Schulordnung von Nikolaus Thirmann aus dem Jahre 1413: „Also pflegit man is zu halden in der Schule zu Dresden“

gern ermöglichten weiterhin die Beköstigung der Knaben. So bestimmte – wie eine Urkunde vom 20. März 1433 dies belegt – ein „edler Spender“, das Geld „an dürftige Leute und arme Schüler“ gleichermaßen zu verteilen. Auch die Festlegung des Dresdner Rats, Rektor und Lehrern freie Kost zu gewähren, bezeugt soziales Verantwortungsbewußtsein.

Die Schule fand sehr bald zu anerkennenswerter Leistungsfähigkeit, beeinflußte zunehmend das geistige und kulturelle Leben der Kirchgemeinde und der ganzen Stadt und vermittelte eine zeitgemäße Allgemeinbildung. Dabei bemühte sich insbesondere Franz von Dippoldiswalde, Rektor bis 1407, um ihr Wohl. Als letzter Rektor, der gleichzeitig ein kirchliches Amt bekleidete, warb er sowohl für kirchliche Stiftungen als auch für eine größere Unterstützung durch die Bürger und den Rat Dresdens, damit dem anerkannten Bildungsstreben der Schule kein Schaden zugefügt würde und diese als städtische Ratsschule ihre Aufgaben erfüllen könne.

Trotz des von der späten Scholastik geprägten Menschenbildes und einer den dogmatischen Grundsätzen der Kirche dieser Zeit gemäßen Bildung, die am Trivium (Grammatik, Rhetorik, Dialektik) orientiert war, wandte sich die Kreuzschule – wenn auch zögernd – neuen Unterrichtsinhalten zu; so dem Quadrivium entlehnten Unterweisungen in Mathematik. Derartige Veränderungen entsprachen den Bedürfnissen des bürgerlichen Erwerbslebens und der Lebensauffassung selbstbewußter Christen.

Zu Beginn des 15. Jahrhunderts führten soziale Spannungen und innerstädtische Auseinandersetzungen zum Eindringen sozialreformerischen Gedankengutes in das geistige Leben Dresdens. Durch Peter von Dresden, in Prag mit den Ideen der Hussiten vertraut geworden und vom Rat 1411 zum Kreuzschulrektor berufen, wurde auch die städtische Lateinschule in die waldensische Bewegung einbezogen. Das veranlaßte den Meißner Bischof, wegen der Gefahr von „Sektenwesen und Ketzerei“ der Schule zu untersagen, Bücher der Heiligen Schrift und des kanonischen Rechts mit den Schülern zu behandeln. Peter wurde nach wenigen Monaten fruchtbaren reformatorischen Wirkens aufgrund seiner im Widerspruch mit der Kirche stehenden Lehrmeinungen auf Anweisung des Bischofs aus Dresden vertrieben. Dieses Schicksal ereilte auch seinen Gefährten Friedrich von Dresden sowie seinen Schüler Johann Drändorf. Peter

starb schließlich 1421 in Regensburg auf dem Scheiterhaufen den Flammentod. Vier Jahre danach wurde J. Drändorf wegen der „Verbreitung ketzerischer Lehren“ in Heidelberg verbrannt.
Nachfolger im Amt des Rektors wurde mit Billigung des Bischofs zu Meißen der spätere Bürgermeister Dresdens Nikolaus Thirmann. Er sollte, nachdem er 1413 in das Rektorat berufen worden war, seine Aufgabe darin sehen, die vermeintlich „reine“ kirchliche Lehre mit bürgerlichen Bildungsintentionen zu vereinen und die Kreuzschule auf zeitgemäße Erfordernisse einzustellen.
Der neue Rektor legte im Jahr der Amtsübernahme eine neue Schulordnung vor. Sie ist die älteste bekannte Schulordnung der Kreuzschule. Diese bildete die Grundlage für manche Verbesserungen schulorganisatorischer und inhaltlicher Art. Nach der Thirmannschen Ordnung bestand das Ziel der Bildung und Erziehung der Knaben gemäß dem starren Dogmensystem der Papstkirche darin, zur Stärkung des Glaubens beizutragen und lebenskundliche Kenntnisse an die Schüler zu vermitteln. Neues bahnte sich insofern an, als neben religiösen Inhalten auch elementare philologische, tiefere lateinische sowie naturkundliche Kenntnisse und spezielle Fertigkeiten für das Rechnen, für den Schriftverkehr, für das Rechts- und Münzwesen im Curriculum Beachtung fanden. Damit reagierte die Kreuzschule auch auf Bildungsansprüche des Städtebürgertums und kam einer städtischen Gelehrtenschule nahe.
Insbesondere der sichere Gebrauch des Lateinischen war die Voraussetzung für eine weiterführende Bildung an der Universität. Zahlreiche Kreuzschüler studierten später Theologie. Die in der Schule verwendeten Materialien und Lehrbücher unterschieden sich wenig von denen anderer Schulen Sachsens. Verwendung fanden u. a. je eine Schrift des Römers Aelius und des Benediktinermönches Remigius sowie die „Disticha Catonis“, eine vier Bücher umfassende Sammlung moralischer Belehrungen. Gelehrt wurde auch mit Hilfe „großer und kleiner grammaticalia“. Über den Einsatz literarischer Werke gibt es keine zuverlässigen Aussagen. N. Thirmann teilte die Schüler in sogenannte „Haufen“ ein, die in einzelnen Stunden gemeinsam unterrichtet wurden. Anfänger widmeten sich dem Erlernen der lateinischen Grammatik. In der zweiten Klasse belegten die Schüler Lektionen in lateinischer Sprachlehre und Logik. In der dritten bildeten die Humaniora, Übungen zur Dialektik, Rhetorik und Logik, höhere Grammatik, Mathematik sowie Kurse philosophischer Art den Hauptinhalt des Unterrichts.
Somit waren die septem artes liberales, die sieben freien Künste, Fundament zeitgemäßer Allgemeinbildung der Kreuzschule. Trivium und Quadrivium erhielten sachliche Orientierung für den pädagogischen Prozeß. Eine sich immer enger gestaltende Verbindung des skizzierten Bildungsinhaltes, religiöser Erziehung und Sangeskultur gab der Kreuzschule ihr eigenes, unverwechselbares Gepräge. Bis zur Reformation hatte dieses Bildungskonzept im wesentlichen Bestand.
In der genannten Schulordnung waren auch die Bezüge der Lehrer und die Höhe des Schulgeldes festgelegt worden. Darin ist zu lesen, der „Schulmeisterlohn“ solle vierteljährlich „2 gr. (Groschen) von jedem habenden Bürgersohn“ und zu „Pfingsten, Michaelis, Weihnachten und Ostern von jedem 2 Heller“ betragen. Die Schulgesellen, Locatoren und Signatoren (Bedienstete) erhielten entsprechend weniger. Jeder Schüler mußte jährlich zwei Groschen, der damalige Preis für ein Fuder Holz, zur Bestreitung der Heizkosten aufbringen. Erstmals erfuhren die Lehrer eine zeitgemäße soziale Sicherung, wenngleich sie damit keine hohen Lebensansprüche befriedigen konnten. Von dieser Zeit an mußten sie an der Kreuzschule ein abgeschlossenes Studium und einen akademischen Titel vorweisen. Das wiederum war dem Ruf der Schule förderlich. Nachfolger Nikolaus Thirmanns im Amt des Rektors legten großen Wert auf die fachliche und menschliche Kompetenz des Kollegiums.
Zusammenfassend kann man feststellen, daß die Kreuzschule innerhalb von 200 Jahren die Schritte von einer Elementarschule über die Pfarr- und Chorschule hin zur städtischen Lateinschule gegangen war. Sie verband scholastisch geprägtes Lehren mit frühbürgerlichen Interessen und entsprach stärker dem neuen Lebensgefühl der Renaissance. Dabei wurde über die Elementarbildung hinaus eine stärkere Bindung zum Universitätsstudium gesucht. Zu den sieben freien Künsten gesellten sich in antiker humanistischer Tradition zunehmend moderne philosophische Erkenntnisse. Wesentliche Voraussetzungen für eine leistungsfähige höhere Schule waren somit geschaffen.

Martin Luther auf dem Reichstag zu Worms, ein Wandbild von Anton Dietrichs (1833 bis 1904) in der Kreuzschule von 1866

DIE KREUZSCHULE IM REFORMATIONSZEITALTER

Mit dem Beginn des 16. Jahrhunderts verlor die römische Papstkirche unwiderruflich ihren einstmals bestimmenden Einfluß auf das geistige und kulturelle Leben im albertinischen Sachsen. Humanismus und Reformation fielen hier auf fruchtbaren Boden. In jener Zeit brachten Kaufleute und Künstler Gedanken des Renaissancehumanismus in das wirtschaftlich aufblühende Dresden. In der Stadt entwickelte sich unter dem Einfluß der Reformation eine Atmosphäre der Offenheit gegenüber neuem Denken, das Festen des bisherigen Geisteslebens erschütterte. Nicht allein die Vorbereitung auf das Jenseits sollte Ziel des menschlichen Strebens sein, sondern auch die Bewährung im Diesseits entwickelte sich zum pädagogischen Anspruch. Die Aussage des Griechen Protagoras, der Mensch sei das Maß aller Dinge, wurde von den Humanisten wiederbelebt und mit den Erfordernissen einer neuen Zeit in Verbindung gebracht. Im Widerstreit der Ideen entstand ein neues, den humanistischen Idealen der Renaissance adäquates Menschenbild. Dafür stritten viele Reformatoren, um dem Protestantismus trotz Verfolgung im katholischen Sachsen zum Durchbruch zu verhelfen.
Angesichts dieser Bedingungen gewannen, nachdem unter Herzog Heinrich dem Frommen das Herzogtum Sachsen 1539 zum Protestantismus übergetreten war und die Reformation vollendet wurde, Schulfragen an Bedeutung, brauchte doch der sächsische Staat zunehmend mehr Geistliche, Juristen, Beamte und Gelehrte. So war es nicht verwunderlich, daß im Reformationszeitalter das sächsische Schulwesen insgesamt und das Gelehrtenschulwesen im besonderen einen sichtbaren Aufschwung nahmen. Belege dafür waren die Gründung der Fürsten- und Landesschulen Schulpforte und Meißen 1543 und Grimma 1550, das Aufblühen der Lateinschulen sowie das Entstehen zahlreicher Kirchenschulen, deutscher Schreib-, Lese- und Rechenschulen. Klipp- und Winkelschulen ergänzten für die niederen Bevölkerungsschichten das Bildungsangebot.
Diese Bewegung wirkte sich zunächst für die Kreuzschule hemmend aus. Viele Altgläubige, die der bekannten Bildungseinrichtung finanzielle Hilfe gewährt hatten, flohen vor den einsetzenden Veränderungen. Bräuche – so Fronleichnamprozession und Heiligenverehrungen – wurden abgeschafft. Diese

Anordnungen brachten die Schule und ihre Zöglinge um wichtige Einnahmequellen, stellten doch kirchliche Einkünfte und Stiftungen den materiellen Grundfonds der Schule dar. Diese Probleme ließen sich aber bald durch die Mitwirkung an protestantischen Gottesdiensten und durch neue Stiftungen mindern. Die Neuorientierung der Kreuzschule und der anderen höheren Bildungseinrichtungen Sachsens, die maßgeblich von Martin Luther und Philipp Melanchthon beeinflußt wurde, nahm längere Zeit in Anspruch.

In den ersten Attacken gegen das Papsttum kritisierte M. Luther auch die Schulen und Universitäten generell, weil sie als Verbreiter scholastischen Ideengutes dem neuen Lebensgefühl entgegenstanden. Das löste Widerstand gegen die bestehende Bildungspraxis aus. Luther mußte jedoch bald erkennen, daß sich ein Gemeinwesen ohne Bildung nicht entwickeln konnte. Um 1520 forderte er folgerichtig die Ausbildung eines geeigneten Nachwuchses für den Kirchen- und Staatsdienst.

Träger dieser Bildung sollte die weltliche Obrigkeit sein. Im Sendschreiben „An die Ratsherren aller Städte deutschen Landes, daß sie christliche Schulen aufrichten und halten sollen“ (1524), appellierte der Reformator an die Magistrate, ihrer Verantwortung gerecht zu werden.

Erasmus von Rotterdam, der große Humanist, hatte die Inhalte einer neuen Bildung näher präzisiert. Er setzte sich für eine „frühzeitige sittliche und wissenschaftliche Unterweisung der Knaben“ ein und begründete das Profil einer zeitgemäßen humanistischen Pädagogik, die sich auf natürliche Anlagen des Lernenden sowie auf das didaktische Grundgerüst Vermittlung und Übung stützte: Das Wesen des Menschen erfülle sich durch vernunftgeleitetes Handeln. Der Unterricht sollte Lernfreude wecken, durch Gespräche, Geschichten und Gleichnisse den Knaben das Einprägen erleichtern. Allerdings blieben seine Erziehungsvorstellungen elitär. Melanchthon verband den Renaissancehumanismus mit dem Protestantismus und prägte aus dieser Quelle das pädagogische Handeln und Denken in Deutschland. Die Humanisten um Luther und Melanchthon setzten dabei auf neue Maßstäbe für menschliche Würde, auf Moral- und Erkenntnisprinzipien der griechischen Antike, die dem Menschen als „Maß aller Dinge“ verpflichtet waren. Die Gedanken Melanchthons, Luthers großen Helfers in Bildungsfragen, hatten maßgeblich dazu beigetragen, den pädagogischen Prozeß an der Kreuzschule renaissancehumanistisch umzuprägen. Man übernahm seine Forderung nach Befähigung zu sachkundiger Beredsamkeit ebenso wie den universalen Bildungsanspruch. Auch seine Lehrbücher für den Griechisch- und Lateinunterricht und die von ihm entworfene „Kursächsische Schulordnung“ von 1528 beeinflußten das Lehren und Lernen an der Kreuzschule. Nach dem Vorbild des Cicero strebte man auch hier nach der Einheit von Wort- und Sachverständnis, von Grammatik- und Realienkenntnissen. In der Fähigkeit zur logischen und sprachlichen Gestaltung des Erkannten sah man die wichtigste Aufgabe für die Hochschulvorbereitung. Diesem Mühen setzten die mangelhaften räumlichen Bedingungen, die sich im Verlaufe des Schmalkaldischen Krieges (1546/1547) noch verschlechterten, enge Grenzen. Dresdner Bürger und progressive Adlige forderten daher die Verwendung des säkularisierten Kirchenbesitzes zugunsten des Schulwesens. Das öffentliche Interesse an Bildung war gewachsen.

Diese neuartige Grundhaltung wirkte sich auch auf die Schule zum Heiligen Kreuz aus. Im Jahre 1539 ordneten staatliche Visitatoren eine regelmäßige jährliche Besoldung der Lehrer an. Eine größere Zahl bedürftiger Knaben konnte ab 1540 Schulgeldfreiheit und eine Zahlung von fünf Groschen bei Klassenstufenwechsel erhalten. Das 1541 vom Dresdner Rat gegründete Religionsamt verwaltete säkularisiertes Vermögen und finanzierte daraus alle Schul- und Kirchendiener in Dresden. Die Lehrer der Kreuzschule erhielten 280 fl. (fl. = Florin, d. i. Gulden), davon 120 fl. der Rektor, 60 fl. der Kantor und 50 fl. der infimus (unterster Lehrer).

Für die Schüler, die durch Singumgänge ihr Schulgeld selbst verdienen mußten, standen jährlich 100 fl. Unterstützung zur Verfügung. Für die Wartung der Schule und die Beschaffung von Brennmaterial gab es sporadische Zuschüsse vom Rat der Stadt. Zum Inventar des Internats gehörten 1539 u. a.: 5 Tische, 15 Spannbetten, 11 Flockenbetten, 5 Strohtücher, 5 Federbetten, 5 Bettbezüge, 12 Bettücher, 6 schwarze Tafeln mit eisernen Ringen, 1 Laterne und 1 eiserner Leuchter. Zuwendungen und regelmäßige Spenden von Bürgern und Adligen sicherten die Erhaltung und Erneuerung des Inventars. Neben direkten Geldspenden sorgten die Dresdner Bürger beispielsweise durch Brotlieferungen mit für die Beköstigung der Alumnatsbewohner.

Philipp Melanchthon (hier in einem Stich von Albrecht Dürer) war Reformator und Mitstreiter Luthers. Er erwarb sich besondere Verdienste bei der humanistischen Reform der Universitäten und Gymnasien sowie der wissenschaftlichen und organisatorischen Neugestaltung des Lehrbetriebes, der Lehrpläne und Bücher.

Problematisch gestaltete sich die Finanzierung des Schulneubaus 1557 und dessen Inbetriebnahme im selben Jahr. Zunächst verkaufte man durch die Reformation säkularisiertes Silbergerät und verwendete Materialien des alten Gebäudes. Dies reichte für die Weiterführung des Baus jedoch nicht aus. Der Kurfürst lehnte die Bitte nach der Bereitstellung von 100 Gulden aus der Münz- und Tranksteuer ab. Dem großen Interesse der Dresdner Bürger war es schließlich zu danken, daß das Bauvorhaben verwirklicht werden konnte.

Die Lehrer der Kreuzschule hatten sich einem strengen Verhaltenskodex zu unterwerfen. Den Bürgern der Stadt verpflichtet, sollte sich die Lehrerschaft durch vorbildliche Lebensführung und ausschließliche Hinwendung zum Beruf auszeichnen. Schankhäuser und Spiele sowie „geckenhafte“ Kleidung waren einem Lehrer verwehrt. Kreuzschullehrer hatten Würde und Ethos eines christlich und humanistisch geprägten Berufsstandes zu repräsentieren.

Verstöße der Lehrer gegen die Schul- und Hausordnung wurden strengstens bestraft und konnten mit einer Ausweisung aus der Stadt enden. Neben der moralischen Integrität mußte jeder Kreuzschullehrer über hinreichende pädagogische Fähigkeiten verfügen. Das Lehrerkollegium war in jener Zeit angewachsen und setzte sich nun aus dem Rektor, dem Konrektor, dem Kantor sowie ein bis zwei Lehrern und dem Regenten für das Alumnat zusammen.

Etwa 70 Schüler wohnten damals im Alumnat, und 214 Knaben sollen 1572 als Kurrendaner die Schule besucht haben. Damit war die Kreuzschule eine der größten Schulen in Sachsen zu jener Zeit. Nach der Schulreform 1575, die die Thirmannsche Schulordnung ablöste, führte der Rat der Stadt neben den beschriebenen materiellen Sicherstellungen auch inhaltliche und organisatorische Veränderungen ein. Er folgte damit den Forderungen der Reformatoren und Humanisten bezüglich der Ziele und Inhalte der Unterweisungen an der Schule. Der Rat setzte in Abstimmung mit dem Superintendenten gebildete Schulmeister und den Rektor ein und entließ untaugliche. Mehrere Rektoren wurden direkt durch Philipp Melanchthon vorgeschlagen. Nikolaus Caesius wurde beispielsweise von ihm als Rektor empfohlen, und auch Kantoren und geeignete Personen für die Kirche fanden durch seine Vermittlung Anstellung.

Auch die Schulorganisation wurde verändert. Die Schüler lernten nach dem Lektionsplan von Friedrich Zörler, etwa ab 1571 in sieben Klassen:

7. Klasse (Anfangsklasse)	Lernen von Buchstaben und Lesen
6. Klasse (Sexta)	Schreiben, Rechnen, Lesen, Singen und Zeichnen
5. Klasse (Quinta)	Lehre des Katechismus
4. Klasse (Quarta)	Grundgerüst der lateinischen Grammatik
3. Klasse (Tertia)	Schließen der Lücken in lateinischer Grammatik und Syntax
2. Klasse (Sekunda)	Erweitern und Prüfen der Kenntnisse der alten Sprachen an den Texten griechischer und römischer Dichter
1. Klasse (Prima)	Beherrschen der lateinischen Grammatik und Stilistik, Unterweisungen in Dialektik und Rhetorik und Lesen der Werke Homers und Ciceros

Die Einbeziehung von Erkenntnissen der antiken Philosophie und die Befähigung zu dialektisch angelegter Disputation erfolgten nur zögernd.
Die sächsische Staatskirche bestimmte die Rahmenbedingungen des Lehrens und Lernens. So hatte jeder Knabe der Predigt aufmerksam zu folgen, um sie mündlich oder schriftlich wiedergeben zu können. Der Inhalt der Predigt, ihr Aufbau wurden im nachfolgenden Unterricht besprochen. Die Kruzianer gestalteten weiterhin alle Gottesdienste in der Kreuzkirche aus. Somit waren musische Bildung und christliche Erziehung aufs engste verwoben.
Die Primaner bereiteten sich nunmehr auf Laufbahnen im Dienste des Staates, der Stadt und der Kirche vor, die das christliche Glaubensbekenntnis, Kreativität und gediegene Kenntnisse voraussetzten. Ehrerweisung für Lehrer, Eltern, geistliche und weltliche Beamte sowie ungewöhnlicher Fleiß waren die wichtigsten Erziehungsziele auf diesem Wege.
Jeder Knabe sollte so erzogen sein, daß er Bildung als immanenten Bestandteil der Lebensvorbereitung begriff. In Absprache mit den Eltern wurde neben der Erfüllung schulischer Pflichten auch Fleiß in häuslichen Belangen gefordert.
Im Alumnat der Kreuzschule, das seit 1557 als selbständiges Gebäude existierte, wohnten vor allem Knaben ärmerer Familien und Waisen. Diese Schüler taten sich durch besonderen Eifer hervor.
Der Rat der Stadt veranlaßte weiterhin, Knaben „niederer Herkunft" – durch materielle Unterstützung – die Möglichkeit einer höheren Bildung an der Kreuzschule einzuräumen. Eine gute Gesangsstimme war hierbei von nicht geringer Bedeutung für die Aufnahme an die Schule. Vertreter der Kirchgemeinde und des Stadtrates konnten sich jeweils alle sechs Wochen und bei halbjährig stattfindenden Examen und Repetierübungen vom Niveau der Bildung überzeugen.
Die Kreuzschule hatte im 16. Jahrhundert eine bedeutende Entwicklung genommen, die sich einordnet in eine allgemeine Profilierung des Schulwesens. Sie gehörte zu den 103 städtischen Lateinschulen am Ende des 16. Jahrhunderts in Sachsen, denen der Renaissancehumanismus einen neuen Anspruch gesetzt hatte. An den drei sächsischen Fürstenschulen in Meißen, Grimma und Schulpforte erfuhr dieser eine besonders umfassende Verwirklichung. Die Kreuzschulordnung von 1575 und die Kursächsische Schul- und Kirchenordnung von 1580 bildeten den gesetzlichen Rahmen für die Bildungs- und Erziehungsarbeit an der Kreuzschule bis ins 17. Jahrhundert. Im Vergleich beider Ordnungen wird deutlich, daß die Kreuzschulordnung 1575 bereits wesentliche Neuerungen vorwegnahm und im methodischen, sozialen und pädagogischen Bereich äußerst progressive Forderungen enthielt. So bot der bereits genannte Lektionsplan von Zörler mit sieben Klassen die Möglichkeit eines systematischen und altersdifferenzierten Unterrichts, der laut Kursächsischer Ordnung 1580 vormittags und nachmittags jeweils drei Stunden betragen sollte. Die Aufnahme von Knaben ärmster Schichten gehörte von Anbeginn zum Credo der Schule.

Die älteste erhaltene Abbildung der Kreuzschule, von 1557 bis 1812 blieb das Gebäude in dieser Form erhalten.

STAGNATION UND AUFBRUCH DER KREUZSCHULE IM 17. JAHRHUNDERT

Der Dreißigjährige Krieg (1618–1648) hatte für die Bevölkerung in Dresden verheerende Auswirkungen. Große Belastungen entstanden insbesondere durch ständige Einquartierungen und Steuererhöhungen. Viele Menschen kämpften um das tägliche Überleben. Gesetzlosigkeit beherrschte die Straßen. Krankheiten brachen aus. Einer Epidemie in den Jahren 1632/33 fielen beispielsweise über 7 000 Dresdner – etwa die Hälfte der Einwohner – zum Opfer. Die Stadt erlebte unter diesen Bedingungen einen sittlichen und moralischen Werteverfall. Geldknappheit in der Stadtkasse und in den Kirchengemeinden brachte es mit sich, daß dem Dresdner Schulwesen, so auch der Kreuzschule, kaum finanzielle Mittel zur Verfügung gestellt wurden. Lehrer und Schüler dieser bekannten Bildungseinrichtung führten während der Kriegsjahre ein kärgliches Dasein. Nur mit Mühe konnte der Unterrichtsbetrieb aufrechterhalten werden. Folgerichtig kam es zu einer Stagnation des pädagogischen Prozesses. Das Niveau der Ausbildung sank, die Disziplin verschlechterte sich. Dem damaligen Rektor Georg Hausmann konnte es in dieser schwierigen Zeit kaum gelingen, den Verfallserscheinungen an der Schule ernsthaften Widerstand entgegenzusetzen. Soweit es ihm möglich war, hat er Schaden von ihr ferngehalten. Den Niedergang konnte er aber nicht verhindern. Dabei wirkte sich erschwerend aus, daß in den Jahren 1622, 1625 bis 1630 und ab 1631 von der Stadtkasse keine Gelder an die Schule flossen. In jenen Jahren schwankten auch die Schülerzahlen. Da infolge des Krieges die Wege zu gefährlich waren, lernten fast nur noch Knaben aus der unmittelbaren Umgebung an der Schule, so daß die Zahl der Lernenden weit unter 200 sinken mußte. Für Schüler und Lehrer stand zunächst das tägliche Überleben im Mittelpunkt allen Interesses. Anzuerkennen ist das Bemühen des Dresdner Rates, dem Niedergang der Kreuzschule zu begegnen. Deshalb wurde der bekannte Theologe und Orientalist Johann Bohemus, der an der Wittenberger Universität gelehrt hatte und in Halle als Konrektor und Pfarrer tätig war, 1639 in das Rektorat berufen. Der neue Rektor ging, allen Schwierigkeiten trotzend, kraftvoll ans Werk, um die vom Dreißigjährigen Krieg gezeichnete Schule aus der Krise zu führen. Sein Bestreben war es, die humanistischen Grundlagen der Schule zu bewahren und das pädagogische Profil weiterzuentwickeln. Bohemus, der in seinem geistigen Gepäck Gedanken des Comenianismus und Pietismus mit nach Dresden brachte, fühlte sich besonders den Ideen des Erasmus von Rotterdam eng verbunden. Wie dieser sah er in der gründlichen Kenntnis antiker Quellen die wichtigste Voraussetzung für einen humanistisch gebildeten Menschen. Deshalb sorgte der Rektor dafür, daß die Knaben vornehmlich das Studium des Lateinischen und Griechischen intensivierten, um einen tiefen Zugang zu den Werken antiker Schriftsteller und Philosophen zu finden.

Obwohl Latein und Religion, gefolgt von Griechisch, Logik und Rhetorik, weiterhin den Kern des Unterrichts bildeten, deutete sich in der Allgemeinbildung eine Ausweitung zum Enzyklopädischen an. So führte Bohemus den Hebräischunterricht ein. Mit leistungsfähigen Schülern trieb er sogar Studien in Arabisch und Syrisch. In seiner Prima unterrichtete er die Schüler in Mathematik und brachte es, wie die Chronik berichtet, „bis zum Ausziehen der Quadratwurzel". Gleichfalls unterwies er in unregelmäßigen Abständen die Knaben in Physik, Astronomie, Geometrie, Geschichte und Geographie. Einfache Anschauungsmittel unterstützten den Erkenntnisprozeß der Schüler. Für diese standen beispielsweise in den Freistunden und Pausen Himmels- und Weltgloben zur selbständigen Arbeit zur Verfügung. Die deutsche Sprache betrachtete der Rektor als „Hilfsmittel" für die neuen Schüler, sogenannte Abecedarii, zum Erlernen des gebotenen Stoffes und als Ausdrucksmittel der Dichtkunst. Interessant ist, daß auch Verse von Horaz und Persius ins Deutsche übertragen wurden. Im Lateinischen las man Texte von Virgil, Plautus, Terenz, ebenso Prosaschriften von Cicero und Abhandlungen römischer Historiker. Im Religionsunterricht verwendete er über vier Semester das „Compendium Hutters", um daran den Bibelinhalt zu erklären und Dispositionsübungen sowie Diktate anzuschließen. Zweck des gesamten Unterrichts war es, die Schüler zur „imitatio" der gelesenen Texte zu

Johann Bohemus
Rektor der Kreuzschule von 1639 bis 1676

befähigen. Die in der Nachahmung erreichte Leistungsfähigkeit wurde ständig kontrolliert, hauptsächlich in den von Bohemus eingeführten „Redeakten". Diese sind von den Schülern sowohl in Versen als auch in Prosa vorbereitet worden. Vorgetragen wurden solche Arbeiten anläßlich der Prüfungen, beim Abgang der Primaner zur Universität oder zu anderen festlichen Anlässen.

Insgesamt ist festzustellen, daß Johann Bohemus in seiner 27jährigen Tätigkeit als Rektor die Kreuzschule aus der Krise herausführte. Die Erziehung der Schüler wurde zunehmend auf allseitige Lebensvorbereitung und -bewältigung ausgerichtet. Damit verlor die Scholastik endgültig ihren Einfluß auf das schulische Leben. Nach dem Ende des Dreißigjährigen Krieges wuchsen die Schülerzahlen rasch an. 1659 weisen die Rektoratsakten 238 Schüler aus, die als Extraneer, Kurrendaner und Alumnen eine zeitgemäße Allgemeinbildung erhielten.

Obwohl der Kreuzschule und seinem Rektor vom Rat Dresdens Anerkennung für das Geleistete gezollt wurde, sah sich die Ratsversammlung 1672 veranlaßt, Ergebnisse der sittlichen Erziehung zu kritisieren, so daß „der herr Rector sich ... schämet". „Mangel an Respekt ..., die häufigen Disziplinverstöße, eine schlechte Zucht in dem Alumneum, Unpünktlichkeit und Versäumnisse von Lehrern und Schülern" stellten die Schulinspektoren fest. Sie beklagten, daß der Rektor nicht konsequent und streng, wie es gefordert war, für Disziplin und Zucht gesorgt hätte und der Bau eines „leidlichen carcers" nicht vorangetrieben worden wäre.

Der Rat der Stadt und Superintendent Buläus drängten auf Veränderung, um das insgesamt hohe Ansehen der Kreuzschule nicht in Gefahr zu bringen. Deshalb wurde 1676 der langjährige Konrektor Johann August Egenolf beauftragt, das Rektoramt mit dem Ziel zu übernehmen, die festgestellten Mängel durch geeignete Maßnahmen zu beseitigen, aber gleichzeitig Bewährtes und Erreichtes fortzuführen. Der neue Rektor legte deshalb den Entwurf einer Schulordnung und einer Hausordnung für das Alumnat vor, wobei er auf Vorarbeiten Bohemus' zurückgreifen und Erfahrungen der sächsischen Fürsten- und Landesschulen verarbeiten konnte. Dort waren das schulische Leben und das Alumnat so organisiert, daß sich die Zöglinge vorwiegend auf das Lernen konzentrierten. Diesen Anspruch übertrug der Rektor unter Beachtung der eigenen Schultradition auf die Kreuzschule, um das Niveau einer Gelehrtenschule zu erreichen.

Das wiederum entsprach weitestgehend elterlichen Forderungen an die damalige Bildung, insbesondere den Wünschen des Bürgertums. Die der Kreuzschulmatrikel entnommene Aufstellung der Herkunft der Schüler belegt, daß die Schule offensichtlich für alle Bevölkerungsschichten attraktiv war. Reichlich 200 Schüler lernten damals an der Kreuzschule.

SOZIALE HERKUNFT	Prozent
niedere und mittlere Geistlichkeit	30
Handwerker	25
Lehrer	20
Beamte	15
Adel	2
Sonstige	8

Am Vorbild der Fürstenschulen orientiert und auf den von Johann Bohemus eingeführten Lehrmethoden aufbauend, der einen lustbetonten, systematischen, anschaulichen und differenzierten Unterricht anstrebte, konzentrierte sich Egenolf noch stärker auf die Ausprägung des Anspruchs einer Gelehrtenschule.

So trennte er die seit 1558 bestehende Bibliothek in eine Schul- und eine Kirchenbibliothek. Die durch selbständiges Lernen erworbenen Einblicke in die Literatur waren für ein Universitätsstudium unabdingbar. Jeder Knabe mußte entsprechend der sozialen Herkunft bis zu 3 Groschen für die Vervollständigung der Bibliotheksbestände beitragen, eine Egenolfsche Anordnung, die beibehalten wurde, nicht zuletzt, um die Achtung vor der Literatur und dem Bibliotheksinventar zu erhöhen.

Leistungsschwache Schüler sollten in „Sonderstunden" spezielle Unterstützung erhalten. Egenolfs Einsatz für die Verbesserung des Unterrichts zeugte von pädagogischer Weisheit und großer Weitsicht. Der Einzugsbereich der Kruzianer vergrößerte sich durch die wachsende Ausstrahlung der Schule. Schüler aus Dänemark, Polen, Böhmen, Ungarn, Siebenbürgen, den Niederlanden und den deutschen Territorialstaaten kamen in der zweiten Hälfte des 17. Jahrhunderts hinzu. Die ortsfremden Knaben wohnten im Alumnat oder in Privatunterkünften. Die Oberaufsicht im Alumnat oblag dem sogenannten „Regens Alumnorum" für ein geringes Entgelt. Bis 1640 übernahmen die jeweils ältesten Alumnen diese Aufsicht, später dann häufig ehemalige Kruzianer. Nach einer sogenannten Regentenprobe, einer öffentlichen Unterrichtsstunde im Beisein des Superintendenten, des Bürger-

meisters und der Senatoren der Stadt, erfolgte die Amtseinsetzung des „Regens Alumnorum". Die sorgfältige Prüfung des Bewerbers war ein Mittel, den ständigen Disziplinverstößen im Alumnat zu begegnen. Der Regens Alumnorum hatte die Pflicht, die Selbsterziehung der Knaben zu organisieren. Wie sah das aus? Der Tag begann sommers um 4.00 Uhr und winters um 5.00 Uhr. Des weiteren wurde bestimmt, daß die Alumnen, „wenn er sie morgens aufwecket, alsbald auffstehen und nicht liegen bleiben ..." und faulenzen. Außerdem hieß es, „weil uns verordnet, alß sollen sie alle Ihn dafür erkennen, und schuldigen Gehorsam leisten, ohne seine erläubnis von der Schulen nicht gehen, ihm auch im geringsten sich nicht widersetzen, oder unfreundliche Worte geben". Für Ordnung und Sauberkeit waren im Wechsel einzelne Knaben verantwortlich. Angeführt durch einen Ältesten begaben sich die Alumnen zum Kirchgang und zu den Lektionen. Die Freizeit und Studienzeit unterlag ebenfalls der Kontrolle und Organisation durch einen verantwortlichen Schüler. Gemeinsame Repetierübungen dauerten bis in die Nacht an. Ein stets untadliges Verhalten jedes Kreuzschülers war das Ziel dieser Schulzucht. Am Rande sei noch erwähnt, daß sich durch alle Chroniken Berichte über die „Missetaten" der Schüler zogen, was aber keineswegs die Erziehungserfolge der Schule vermindern sollte. Zeugnis für die erfolgreiche Arbeit des Kollegiums dürften auch die weiteren Lebenswege der Knaben sein. Die seit Johann Bohemus geführte Matrikel gestattet es noch heute, solche zu verfolgen.
Etwa 70 bis 80 Prozent der Absolventen besuchten die Universitäten Wittenberg und Leipzig. Nach dem Studium kehrten sie meist in die Umgebung von Dresden zurück und traten Stellen als Pfarrer, Staatsprediger, Superintendenten, Kantoren und Schulmeister an. Zu den an die Schule als Lehrer zurückgekehrten Absolventen gehörte beispielsweise Magister Johann Valentin Merbitz, der von 1672 bis 1702 als Konrektor an der Kreuzschule wirkte. Es sprach für den Ruf der Schule, daß über Generationen ehemalige Schüler die Traditionen als Schulmeister weiterführten und bereicherten. Die solide musikalische Grundausbildung und die musische Atmosphäre der Einrichtung prädestinierten die Knaben geradezu für einen künstlerischen Beruf. Folgerichtig erscheint daher die Aufnahme solcher Berufe wie Organist, Kapellmeister oder Kantor.

Joh. Christw. Schumann (1671 bis 1705) Der ehemalige Kreuzschüler war Ratsmitglied und Bürgermeister.

Noch immer galt in Sachsen die Schulordnung von 1580.
1700 wurde eine neue Instruktion für den Regens Alumnorum mit 18 Kapiteln vom Rat der Stadt und dem Superintendenten verfügt. Hierin wurde gefordert, daß fortan ein Lehrer die Aufgaben des Regens Alumnorum übernehmen sollte, um den Ansprüchen an eine verbesserte Organisation des Alumnatslebens gerecht zu werden. Dieser Pädagoge mußte zwischen 13 und 14 Uhr täglich Schreib- und Rechenunterricht erteilen. In seiner gesamten Persönlichkeit hatte der Verantwortliche für das Alumnat den Knaben Vorbild zu sein.
Die inhaltliche und organisatorische Gestaltung der Schulwirklichkeit oblag dem Rektor; in materiellen Belangen unterstand dieser wiederum dem Rat der Stadt und der Schulbehörde (Oberkonsistorium). Die in der Regel geistlichen Schulinspektoren und angesehene Bürger der Stadt gewährleisteten die Aufsicht. Der Religionsunterricht, die musische Ausbildung der Knaben und die Öffentlichkeit des Kreuzchores wurden vom Superintendenten und vom Kantor geführt.
Abermals erlangte die Kreuzschule durch die aus der Verbindung Kirche – Schule hervorgegangenen Traditionen für kurze Zeit eine über die Grenzen der Stadt hinausgehende Ausstrahlung. Die Aufführung von Schulkomödien und die Ausgestaltung der Gottesdienste bereicherten das Kulturleben Dresdens.
Betreffs der materiellen Sicherung der Schule zeigten sich Rat wie Kirche eher zurückhaltend. Der Zustand des Schulgebäudes war beklagenswert geworden. Das 1557 errichtete Schulgebäude an der Ecke Kreuzkirchplatz/Schulgasse erfuhr 1619 eine Reparatur. Schulvisitationen um 1671 wiesen auf notwendige Veränderungen hin. Diese Forderungen konnten erst 1704 berücksichtigt werden. In die große Schulstube, die bislang drei Lehrern als Unterrichtsraum diente, wurden steinerne Trennwände eingezogen. Damit verbesserte sich die Lernatmosphäre.
Während der Kämpfe im 3. Schlesischen Krieg wurde die Schule als Militärlazarett verwendet. Bei direktem Beschuß der Stadt entzündeten sich am Schulgebäude Schwelbrände, die durch das schnelle Handeln des Tertius Gebauer und des Kurrendaners Radestock gelöscht werden konnten.
1796 engagierte sich der damalige Kreuzschulinspektor v. Clausnitzer, der spätere Bürgermeister, für den Neubau eines Schulgebäudes. In seinem Ratsvortrag hieß es bezüglich vorgenommener Reparaturen: „Alle diese zahlreichen kleinen Ausbesserungen erzielten naturgemäß keine nachhaltige Wirkung. Die Gebäude verfielen mehr und mehr. Ihre Baufälligkeit beleidigte das Auge; im Innern mußte man alle Vorsicht brauchen, sich vor Fehltritten zu hüten. Hand in Hand mit dem baulichen Verfall ging ein rascher Verfall der Schule als Erziehungsanstalt." v. Clausnitzer komprimierte seine Beschwerde in der Befürchtung, „daß die Schule endlich zu einem Sammelpunkt und Aufenthaltsort roher und unwissender junger Leute wird". Gustav Nieritz, ein bekannter Dresdner Schriftsteller, schilderte die Kreuzschule aus den Augen eines Schülers noch im Jahre 1808 ähnlich. „Dieses einzige Gymnasium der sächsischen Haupt- und Residenzstadt besaß ein Gebäude hinter der nahen Kreuzkirche, das innen und außen einem Gefängnisse und einer Ruine ähnelte. Das Vorzimmer, durch welches man in unsere Klasse gelangte, besaß weder Kreuzstöcke noch Fensterrahmen, noch Glasscheiben, sondern leere Fensteröffnungen, zwischen welchen zahllose Spinngewebe ausgespannt waren und wo Schwalben und Fledermäuse, Ratten und Mäuse, Katzen und andere vierbeinige Besucher ihren ungehinderten Ein- und Ausgang fanden. Unser Lehrzimmer, mit seinen zwei Fenstern nach der Schulgasse hinausgehend, wurde während meines dreijährigen Schulbesuches nicht ein einziges Mal geweißt, hatte eine schwarzbraune Balkendecke, große Löcher in den Dielen, so daß man den Fuß darin vertreten konnte, und im ganzen nur drei lange Schultafeln, an welchen auf beiden Seiten die mit jenen verbundenen Bänke standen." Erst 1811 wurde entschieden, im darauffolgenden Jahr eine grundlegende Reparatur auszuführen.
Der Unterricht blieb traditionell und erstreckte sich von 7 Uhr bis zum Nachmittag 16 Uhr.

7.00 Uhr–10.00 Uhr	obligatorischer Unterricht
10.00 Uhr–12.00 Uhr	Privatvorlesungen
14.00 Uhr–16.00 Uhr	nachmittäglicher Unterricht
7.00 Uhr– 9.00 Uhr	donnerstags Kirchgang, vorher war ein täglicher Kirchgang für alle Schüler Pflicht.

Die Pausenzeiten oblagen der Festlegung

Dringend notwendige Reparaturen an der Kreuzschule konnten nach zähem Ringen um die Finanzierung 1812 endlich durchgeführt werden.

durch den einzelnen Lehrer und umfaßten jeweils sechs bis acht Minuten. Ein derartiger Tagesablauf stellte für die Schüler eine hohe psychische und physische Belastung dar. Der Unterricht fand nunmehr in Jahreskursen, jeweils montags bis sonnabends statt; eine Aufnahme neuer Schüler war jederzeit möglich. Sie wurden nach Kenntnissen und Fähigkeiten eingeordnet. Bei Beendigung der Ausbildung hatte jeder Schüler in einer öffentlich vorzutragenden Valediktion, einer Abschiedsrede, Zeugnis seines erworbenen Wissens abzulegen. Sie war meist in Latein oder einer anderen alten, später auch modernen Fremdsprache abgefaßt. Die Schüler bearbeiteten dabei theologische, philosophische, historische und musikwissenschaftliche Themen. Noch heute besticht die Qualität der Polemik sowie die Stilistik solcher Valediktionen, die der interessierte Leser im Stadtarchiv vorfindet.

In der Tradition der sächsischen Fürstenschulen zur Entwicklung bewußter Disziplin und Tüchtigkeit war es üblich, ein Ämtersystem zur geregelten Selbsterziehung aufzubauen. An der Kreuzschule war bereits in der Schulordnung von 1575 der Lehrer angewiesen, seine Klasse in Gruppen einzuteilen, „über jede einen decarius (zu) setzen, der das Ausbleiben von Schülern anzuzeigen hat“. Ein praefectus wurde wöchentlich bestimmt, er sorgte vor Unterrichtsbeginn für Ruhe und Ordnung. Zuwiderhandlungen waren zu melden. Vier Schüler beaufsichtigten „das öffentliche Verhalten“ der Knaben im Umfeld der Schule. Die Skala der Verbote und Gebote reichte bis ins Detail. So waren das Baden in der Elbe, das „Schwatzen und Toben“ in den Gassen oder der Gebrauch der deutschen Sprache in der Öffentlichkeit untersagt. Das Verhältnis der älteren zu den jüngeren Schülern ging über die Kontrolle hinaus. Lerngemeinschaften förderten die Verantwortung füreinander. Auch äußere Symbole (Schulhymne, Schülermütze, Schulfarben usw.) beförderten das Zusammengehörigkeitsgefühl, das wiederum wertvolle Erziehungs- und Bildungspotenzen freisetzte. Noch dominierten die traditionellen Inhalte wie Religion, Latein und Griechisch. Das Curriculum war im Laufe von Jahrzehnten erstarrt. Christian Schöttgen, der bekannte Theologe und Historiker, Rektor von 1727 bis 1751, bemühte sich, Traditionelles weiterzuführen und neue Ideen einzubringen. Er wollte eine „besondere Klasse . . . errichten für solche Schüler, die unlateinisch bleiben wollen und Handwerker, Künstler und Kaufleute zu werden beabsichtigen . . .“. Solche Neuerungen im Schulleben fanden unter sei-

nen Nachfolgern Christoph Kretzschmar, Daniel Franz Müller und Christian Friedrich Olpe wenig Beachtung. Das erstarrte Bildungskonzept der Kreuzschule stand der stürmischen wirtschaftlichen Entwicklung und den angedeuteten Neuerungen in Philosophie und Pädagogik entgegen. Rektor Olpe lehnte philanthropistische Gedanken „als verderblich für Religion, Moral und Schulwissenschaft" völlig ab. Zeitgenössische Literatur charakterisierte ihn, den Rektor und Zensor der Stadt, als konservativen Dogmatiker.
Selbst die Ernestische Schulordnung von 1773 fand wenig Resonanz bei Rektor Olpe. Nach ihr sollten die alten Sprachen in „dreyfacher Absicht mit der Jugend getrieben werden: erstlich, um sie zu verstehen und auszulegen; zum anderen, um Reden und Schreiben, und zwar nicht nur in der lateinischen, sondern auch in den lebendigen Sprachen, mit Einsicht und Geschmacke, nachzuahmen und drittens, allerley nöthige und nützliche Sachen daraus zu lernen". Der Religionsunterricht sollte in den unteren Klassen an den Katechismus, in den oberen Klassen an die Lektüre der Bibel gebunden sein. Für das Erlernen der neueren Sprachen sollte in Maßen Hilfe gegeben werden. Universalgeschichte und Geographie waren als Unterrichtsgegenstände empfohlen worden. Die philosophischen Belehrungen gelangten erstmals in die Nähe „deutscher Nationalschriftsteller". Der Mathematik wurde ein zeitgemäßes Profil nach dem Lehrbuch von Christian Freiherr von Wolff zugewiesen.
Johann August Ernesti, Rektor der Thomasschule Leipzig, wollte mit seinem Vorschlag die Krise der Fürsten- und Landesschulen sowie der Lateinschulen überwinden helfen. Das Echo an der Kreuzschule war, wie beschrieben, zunächst gering. Erst die alarmierend niedrigen Schülerzahlen und der Rückgang auswärtiger Schüler bedrohten wiederum die Existenz der Schule und verlangten nachhaltige Neuerungen. Der Stundenplan 1786/87 belegt dann auch Anzeichen für die Aufnahme Ernestischer Intentionen.
So erhielten Prima und Sekunda wöchentlich zwei Stunden Universalgeschichte. Die Realien (Arithmetik, Geographie, Naturkunde), vorwiegend in Privatstunden unterrichtet, flossen in den Fächerkanon ein. Neue Lehrbücher zu den Werken Virgils, Äsops und Ovids, die Grammatik von Donat sowie der Kreuzkatechismus lösten die kanonischen Vorgänger ab. Im philologischen Bereich konnte die Kreuzschule dank Johann Bohemus' auf progressive Traditionen bauen.
Unter Benjamin Gothelf Beutler, Rektor von 1802 bis 1804, erreichte dann das Umdenken eine neue Qualität. Der deutschsprachige Unterricht, die größere Lebensnähe der Lektionen, die Einbeziehung der Realien und die ästhetische Ausbildung mit deutlichem Bezug auf die klassische Philosophie, Musik und Literatur bildeten die Grundlage für die Etablierung eines neuhumanistisch geprägten Bildungskonzepts an der Kreuzschule. Beutler beschleunigte in den zwei Jahren seiner Dienstzeit den Fortschritt auch in der Gesamtanlage des pädagogischen Prozesses. Er hatte die Landesschule Grimma besucht und ließ wahrscheinlich seine eigenen Schülererfahrungen an dieser leistungsfähigen Bildungseinrichtung in die Umgestaltung der Kreuzschule einfließen. Solche Anfänge neuhumanistischen Denkens bereiteten den Boden für eine umfassende Reform an der Kreuzschule vor, die sich parallel zur bürgerlichen Emanzipationsbewegung, gefördert durch die Französische Revolution, vollzog. Sie waren Vorzeichen neu erwachenden Lebensmutes. Öffentliche Proteste gegen wachsende staatliche Bevormundung der Schule verwiesen auf zeitgemäße Erziehungsansprüche.

DIE NEUHUMANISTISCHE REFORMIERUNG DER KREUZSCHULE ZU BEGINN DES 19. JAHRHUNDERTS

Unter dem Einfluß Heinrich von Kleists, Theodor Körners, Carl Gustav Carus', Carl Maria von Webers und Friedrich Schlegels entwickelte sich in Sachsen eine bedeutende, breit gefächerte Geistesbewegung. Dresden wurde zum Sammelpunkt bekannter Künstler und Intellektueller. Die Napoleonische Fremdherrschaft förderte nationalerzieherische Tendenzen, inspiriert nicht zuletzt durch den im sächsischen Rammenau geborenen Johann Gottlieb Fichte. Immer stärker traten die Widersprüche zwischen Emanzipationsbestrebungen und staatlichen Zwängen offen zutage. Persönlichkeiten, genannt seien Richard Wagner, Arnold Ruge, Gottfried Semper, Johann Andreas Schubert oder Franz Wigard, stellten Bestehendes in Frage und forderten veränderndes Denken und Handeln im Sinne einer demokratischen Entwicklung. Dresden erlebte eine Umbruchsphase in Wissenschaft, Kultur, Politik und Wirtschaft. Pädagogisches Denken orientierte sich an den Bedürfnissen der Zeit.

Für die Entwicklung von Philosophie und Pädagogik kamen bedeutende Impulse aus Preußen. Um Wilhelm von Humboldt scharten sich einflußreiche Reformer wie Georg Heinrich Ludwig Nicolovius, Friedrich Daniel Ernst Schleiermacher und andere, die im Zusammenhang mit Veränderungen gesellschaftlicher Verhältnisse eine umfassende neuhumanistische Bildungsreform erstrebten. Damit bahnten sie den Weg zur neuzeitlichen Nationalerziehung.

Wilhelm von Humboldts Verbündeter in Sachsen war der 1791 von Wittenberg nach Dresden gerufene Oberhofprediger Franz Volkmar Reinhard. Sein pädagogischer Auftrag ergab sich aus der Mitgliedschaft im Dresdner Oberkonsistorium. Reinhard ist die neuhumanistische Ausgestaltung des höheren sächsischen Schulwesens zu danken, so daß dieses zu Beginn des 19. Jahrhunderts wieder zur Spitze in Deutschland aufschloß. Als Partner und Verbündeter Humboldts begründete er in Sachsen das moderne Gymnasium.

Beide sahen im Studium des Griechentums unter philologischen, philosophischen und historischen Aspekten die vorzüglichste Form der Hochschulvorbereitung. Sie schlossen die klassische deutsche Literatur und Philosophie

Theodor Körner (1791 bis 1813) als zwölfjähriger Kreuzschüler

sowie die Mathematik in die gelehrte Bildung ein. Individualität wollten sie nunmehr als spezifisch Menschliches durch Bildung und Selbstbildung ausgeweitet wissen. Für das zu profilierende Kreuzgymnasium sollte Bildung zur Steigerung innerer Energie des Menschen das Erste und ihre Nützlichkeit und Brauchbarkeit erst das Zweite sein. Selbstvervollkommnung durch Selbstformung über Hineinnahme der Außenwelt in das Ich ließ den Schüler zum Werk seiner selbst werden. Diesen Weg einschlagend, gewann die Kreuzschule das Ansehen eines über die Grenzen Dresdens hinaus geachteten Gymnasiums. Die von Schöttgen und Beutler eingeleitete neuhumanistische Reform fand unter der Rektorenschaft Christian August Gröbels ihre Fortsetzung. Er erhielt am 10. Oktober 1816 das Vertrauen des Stadtrates und der Kreuzkirche. Bereits vor seinem Amtsantritt hatte Gröbel den Entwurf eines Lektionsplanes vorgelegt, der die Umsetzung neuhumanistischen Gedankengutes für die Kreuzschule vorsah. Hierin erfuhren die Realien sowie die deutsche und französische Sprache eine stärkere Beachtung als bisher. In den oberen Klassen wurden zwei Wochenstunden Mathematik eingeführt. Für Mathematik und Französisch stellte der Rektor einen Mathematikus und einen Sprachmeister ein. Seit 1817 galt an der Kreuzschule der erste moderne Stundenplan, der inhaltlich und organisatorisch auf Erfahrungen der Landesschulen zurückgriff. Diesem folgend,

Christian Schöttgen Rektor der Kreuzschule von 1727 bis 1751

Christian Ernst August Gröbel Rektor der Kreuzschule von 1816 bis 1848

wurde der Anfangsunterricht ausgeschlossen, da er dem Profil eines Gymnasiums nicht entsprach. Die Klassen V und VI als Anfangsklassen erhielten Lektionen in deutscher, lateinischer und griechischer Grammatik, Geographie, Orthographie, Arithmetik, Schönschreiben und übten sich im Vorlesen. Die Schüler der IV. Klassen hatten beispielsweise im Jahre 1819 während des Winterkurses von „8–9 Uhr Geschichte, 9–10 Uhr Latein (Cäsar), 10–11 Uhr Griechisch (Jacobs griechisches Elementarbuch), 2–3 Uhr Geographie, 3–4 Uhr Lateinische Schreibübung". Im Mathematikunterricht widmeten sich die Schüler dem bürgerlichen Rechnen, der Potenzrechnung, dem Ziehen von Quadrat- und Kubikwurzeln sowie dem binomischen Lehrsatz. Die von den neuhumanistischen Reformern angestrebte Beschäftigung mit der deutschen Literatur und Philosophie fand an der Kreuzschule zunächst noch wenig Beachtung. Die Humaniora standen nach wie vor im Mittelpunkt der Unterweisungen. Schulorganisatorische Neuerungen sollten die Profilierung der Schule zum Gymnasium – dieser Status wurde ihr 1817 zuerkannt – unterstützen.

Der Wandel an der Kreuzschule hin zum neuhumanistischen Gymnasium löste einen großen Zustrom von Schülern aus. 1813 waren 25 Knaben aufgenommen worden, dagegen weisen die Akten 1817 einen Neuzugang von 110 Schülern nach. 1824 besuchten 400, 1828 schon 430 Schüler das Gymnasium Humboldtscher Prägung. Unterrichtet wurden sie vom Rektor, Konrektor, Tertius, Quartus, Quintus und Kantor, die die „Genossenschaft der sechs Collegae" bildeten, und von einigen Kollaboratoren (Hilfslehrern). Bemerkenswert ist die Tatsache, daß der letzte Theologe im Rektorenamt, Christian August Gröbel, die Zeichen der Zeit richtig umzusetzen vermochte.

1831 übernahm das aus dem Oberkonsistorium entstandene Ministerium für Kultus und öffentlichen Unterricht die inhaltliche und organisatorische Rahmenplanung für alle Schulen in Sachsen. Die Gymnasialkommission der Stadt, in der Vertreter der Kirche, des Stadtrates und der Bürger wirkten, hatte nunmehr die Oberaufsicht über das sogenannte innere Schulwesen. Den Belangen des Gymnasiums zum Heiligen Kreuz fühlte sich die Schulkommission besonders verpflichtet. Der Rektor, der Superintendent, Eltern und städtische Honoratioren entschieden über personelle, finanzielle und inhaltliche Fragen des Lehrens und Lernens gemeinsam. Die Schule unterstand, wie in der Verfassung vom 4. September 1831 fixiert, der Stadt, wogegen der Kreuzchor und die Alumnen traditionsgemäß der Kirchgemeinde verpflichtet waren. Die Auseinandersetzungen zu dieser Doppelunterstellung entwickelten sich zeitweilig derart, daß von städtischer Seite gar das Alumnat abgelehnt wurde, ebenso der Chor. Man war der Meinung, daß die Chöre „ein ziemlich anerkanntes Verderben sehr vieler öffentlicher Schulen" sind. „Chorschüler sind häufig ein Haufen verwahrloster Kinder und Jünglinge, die von Jugend an oft aus Not eine Nebensache zur Hauptsache halten und ungleich wichtigere und bleibend nützliche Kenntnisse darüber versäumend, sich an keine regelmäßige Ordnung gewöhnend, nur zu oft durch rohe Sitten sowie, wenn sie erwachsen, durch vermessenen Ton und grobe Widersetzlichkeiten gegen ihre Lehrer ein sehr übles Beispiel an der Schule geben." Nach seinem Sechs-Punkte-Plan erreichte Gröbel wenigstens ein Verbot für die Auftritte der Alumnen im Theater, da sie die sittliche Erziehung der Knaben gefährdeten. Kirchliche Stiftungen bildeten aber die materielle Grundlage der Schule, so daß zwar eine gesetzliche Trennung Kirche – Schule (1846) vorhanden war, aber tatsächlich nur begrenzt durchgesetzt werden konnte. Fast fünfundvierzig Jahre, von 1773 bis 1817, mußten verstreichen, ehe es gelang, die Kreuzschule zu einem modernen Gymnasium zu entwickeln, das sich dem neuhumanistischen Menschenbild verpflichtet fühlte. In gleichem Maße wie das Bildungskonzept veränderte sich auch die Zusammensetzung der Schülerschaft. Bildeten bisher Söhne von Pastoren, Predigern, Schulmeistern und kleinen Handwerkern den Hauptteil der Schüler, so setzte sich dieser seit der zweiten Hälfte des 18. Jahrhunderts aus den Söhnen von Kaufleuten, Beamten und einflußreichen Handwerkern zusammen. Auch für den Adel war die Kreuzschule eine akzeptable Bildungseinrichtung geworden. Um so höher ist der Fortbestand von Freistellen für Knaben ärmerer Familien zu bewerten. Sie konnten aufgrund von Begabung und Fleiß an dieser Schule eine Bildung erlangen, die ihnen den gewünschten sozialen Aufstieg eröffnete.

DAS RINGEN UM DIE ÖFFNUNG GEGENÜBER DEN MODERNEN NATURWISSENSCHAFTEN

Die politischen Ereignisse vor und während der Revolution 1848/49 machten auch vor dem Kreuzgymnasium nicht halt. Lehrer wie Schüler diskutierten, welche Haltung man einnehmen solle, um die „Zeichen der Zeit" richtig zu deuten. Bekannt ist, daß das traditionelle Bekenntnis der Schule zur politischen Neutralität viele Kruzianer nicht davon abhielt, sich in „geheimen Verbindungen" – wir wissen von sechs – zu organisieren. In jeder Schülervereinigung, die oft von ehemaligen Kreuzschülern geleitet wurde, sah das Königliche Ministerium des Kultus eine Gefahr für das Bestehende, da sie „eine sehr verwerfliche politische Richtung verfolgt, eigene Statuten und eine gegemeinschaftliche Kasse hat, eine Zeitung schreibt, welche . . . unter den Mitgliedern zirkuliert und mit Verbindungen auf Universitäten Beziehungen unterhält". Die politische Entwicklung in der Stadt stützte jedoch eher diese Vereinigungen, so daß selbst Disziplinierungsmaßnahmen und die Androhung des Ausschlusses ein Anwachsen der Verbindungen nicht unterband. Neue Ideen wirkten um so anregender, da Richard Wagner als ehemaliger Kruzianer sich den revolutionären Ideen verbunden fühlte. Auch unter den Lehrern der Schule entwickelten sich zwei Parteien. Vertreter der traditionellen Richtung wollten weiterhin politische Auseinandersetzungen aus der Schule verbannen, um die Trennung von Politik und Wissenschaft zu wahren. Rektor Gröbel gehörte am Ende seiner Dienstzeit zu dieser Gruppierung. Ihm gegenüber stand Herrmann Koechly, wohl eine der engagiertesten und umstrittensten Lehrerpersönlichkeiten der Kreuzschule.

H. Koechly hatte bereits im Vorfeld der Revolution 1846 einen Verein zur Neugestaltung des sächsischen Schulwesens gegründet. Nach seinen Intentionen sollte das Gymnasium zu einer deutschen, nationalen, höheren Bildungseinrichtung umgestaltet werden. Weiterhin kritisierte Koechly das „belastete" Lehrer-Schüler-Verhältnis, das er als autoritär empfand. Gemeinsame Arbeitsstunden, Unternehmungen und kleine Reisen sollten helfen, daß zwischen Lehrer und Schüler ein tieferes Vertrauensverhältnis entstehen konnte, denn nur so sei eine harmonische Entwicklung des Schülers möglich. Die Reaktionen auf seine Auffassungen waren im Kollegium der Kreuzschule geteilt. Der Mathematikus H. R. Baltzer und der Hilfslehrer J. Albani schlossen sich Koechly an, während Rektor Gröbel den Vorschlägen skeptisch gegenüberstand. Er und weitere Pädagogen wandten sich insbesondere gegen die Koechlysche Forderung nach größerer Repräsentanz des Deutschunterrichts im Fächerkanon. Sie glaubten, daß dadurch die humanistische Tradition der Schule in Gefahr geraten und deren Leistungsfähigkeit abnehmen könnte. Die eingesetzte Revisionskommission (Geheimer Kirchenrat Meißner und der Rektor der Fürstenschule Grimma) war 1847 den Vorschlägen Koechlys sehr zugetan und kritisierte gleichzeitig Gröbels Zögern gegenüber notwendigen Veränderungen. Deshalb wurde 1847 die Emeritierung des gealterten Rektors eingeleitet.

Der Rat der Stadt berief Julius Ludwig Klee, ehemaliger Kreuzschüler (1818–1825) – er hatte Jura und Philologie studiert und war Lehrer u. a. am Nikolaigymnasium in Leipzig gewesen – zum Rektor. Klee formulierte in seinen Reformanträgen an die Gymnasialkommission im Februar 1849 folgende Punkte:

- Anstellung eines zweiten Lehrers für Mathematik und Naturkunde,
- Anstellung eines Gesangslehrers für Nichtchormitglieder,
- Anstellung eines Turnlehrers,
- bessere Ausstattung mit physikalischen Apparaturen, Büchern und Räumlichkeiten.

Verändert wurde auch die Klasseneinteilung. Die Knaben lernten fortan jeweils ein Jahr in einer Klassenstufe und konnten zu Ostern versetzt werden. Mit der Übernahme der Schule in den städtischen Haushalt verbesserten sich die materiellen Bedingungen. Die Lehrergehälter mußten neu festgelegt werden. Rektor Klee erhielt fortan 1 500 Taler jährlich und eine freie Dienstwohnung.

Neue Festlegungen im Curriculum betrafen beispielsweise den Deutschunterricht, der jetzt sechs Wochenstunden in den Anfangsklassen und vier Wochenstunden in den Folgejahren umfaßte. Durchschnittlich vier Wochenstunden Mathematik und drei Stunden Geschichte wurden unterrichtet. Latein

Julius Ludwig Klee
Rektor der Kreuzschule von 1848 bis 1867

1866 wurde das neue Schulgebäude am Dohnaischen Platz (später Georgplatz) feierlich eingeweiht. Es bot 380 Schülern Platz. Schon 1877 lernten 555 Schüler in 17 Klassen am Kreuzgymnasium, dank der Wende der Alumnatsschule zum modernen bürgerlichen Gymnasium.

und Griechisch lernten die Knaben erst in den oberen Klassen in verminderter Stundenzahl.

Koechlys konzeptionelle Fähigkeiten hatten über den Rahmen der Schule hinaus Anerkennung gefunden, war er doch ein Wegbereiter für die unter Klee durchgeführten Veränderungen. Im Januar 1849 beurlaubte das Kulturministerium Koechly vom Schuldienst und beauftragte ihn mit der Schaffung eines Gesetzentwurfes für die Reorganisation des sächsischen Schulwesens. Sein Engagement fand allerdings nicht die ungeteilte Unterstützung der sächsischen Regierung. Später übernahm er an der Universität Zürich eine Professur. Herrmann Koechly gehörte zweifellos zu den engagiertesten Kreuzschullehrern. Er beeinflußte die Entwicklung des Gymnasiums nachhaltig und verhalf ihm mit zu erneuerter Leistungsfähigkeit. Es wird eine Aufgabe bleiben, sich dieser Persönlichkeit stärker zuzuwenden, um seine Leistung gerecht zu bewerten. Nachfolger des Rektors Julius Ludwig Klee wurde 1868 Friedrich Otto Hultsch, ebenfalls ein ehemaliger Kruzianer. Die Nachwuchsgewinnung aus den Reihen der eigenen Schüler war an den traditionsreichen Gymnasien üblich geworden und beförderte die Kontinuität im Bildungs- und Erziehungsprozeß sowie die Herausbildung einer gewissen Unverwechselbarkeit jeder höheren Schule.

Hultsch übernahm die Rektorenschaft im neuen, 1866 übergebenen Schulhaus am Georgplatz mit 380 Schülern. Nicht nur räumliche, sondern auch rechtliche Veränderungen hatten sich bis zu diesem Zeitpunkt vollzogen. Die seit 1852 laufenden Verhandlungen zwischen dem Rat der Stadt und der Kircheninspektion über die Verwaltung des Kreuzschulvermögens klärten

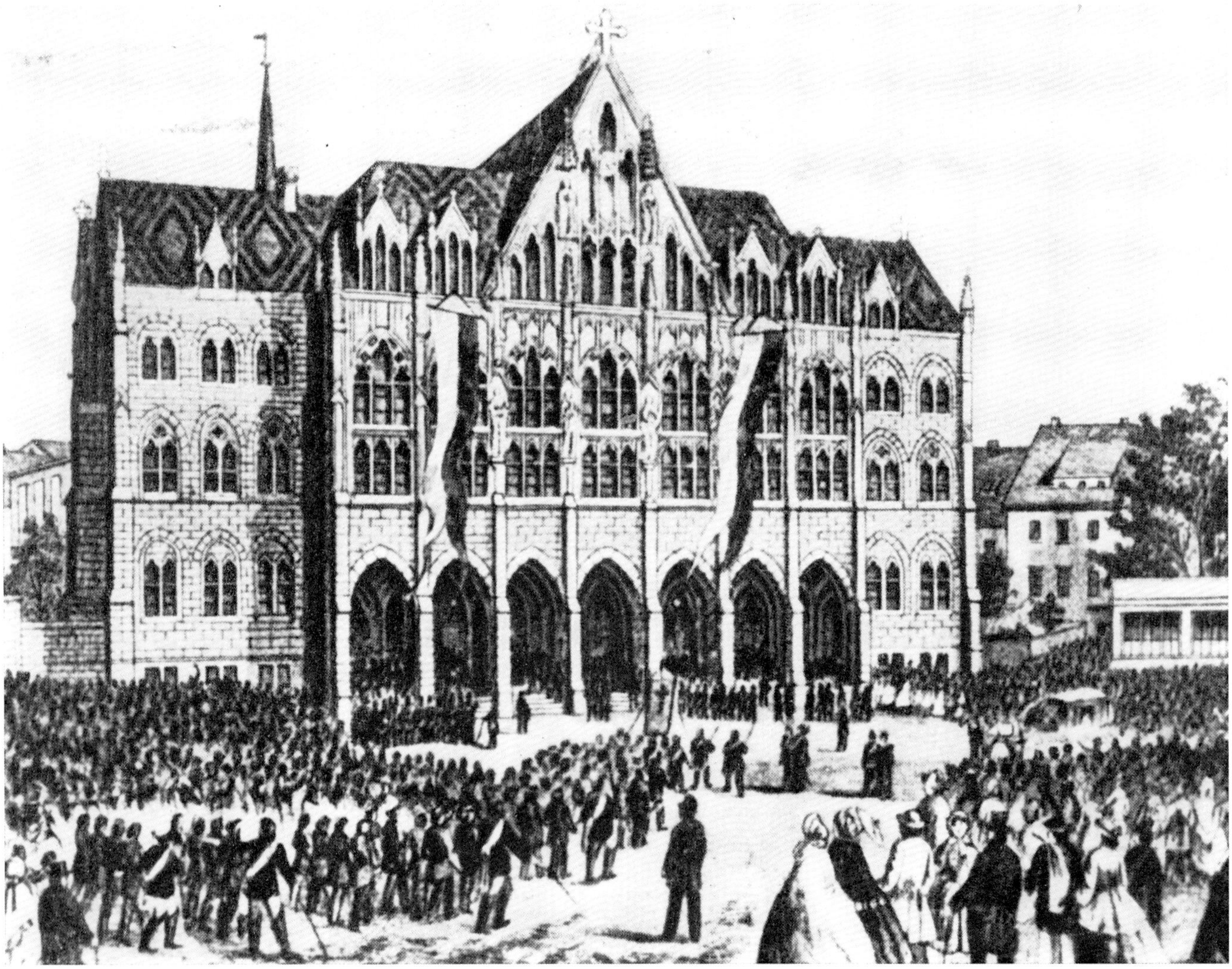

sich bis 1863 vorläufig so, daß konsequent zwischen Alumnat und Gymnasium zu trennen sei. Die Unterhaltung des ersteren sowie die Bezahlung des Schulgeldes für die Alumnen sollte die Kirchgemeinde übernehmen, da sich der Chor in der Regel aus Alumnen zusammensetzte. Der Vertrag vom 3. September 1878 schloß langjährige Verhandlungen ab, in deren Verlauf Rektor Hultsch gar eine Auflösung des Alumnats gefordert hatte.
Es wurde nun fixiert, daß Alumnat und Gymnasium der Stadtverwaltung unterstanden. Für Chordienste hatte die Kreuzkirchgemeinde 1 000,– Mark und die Frauenkirchgemeinde 5 000,– Mark zu zahlen.
Der Rektor der Kreuzschule wurde als Vorgesetzter für die Kreuzschüler in allen schulischen Belangen eingesetzt, wogegen dem Kantor auf kirchenmusikalischem Gebiet das Weisungsrecht oblag. Die Alumnatsordnung von 1866 garantierte weiterhin die bereits beschriebene strenge Schulzucht und das hohe Maß an Selbsterziehung:

„Paragraph 25.

Nur fleissige und sittlich tüchtige Schüler sind aufnahefähig und können im Genusse des Alumneums verbleiben; deshalb hat der Alumnus auch nach aussen hin sich angemessen zu benehmen und seinen guten Ruf zu wahren. Es wird noch besonders darauf aufmerksam gemacht, dass er auch in dieser Beziehung der Beobachtung unterliegt und etwaige Beschwerden einer strengen Untersuchung anheimfallen."

Das Denkmal Theodor Körners vor der Kreuzschule auf dem Georgplatz. Der Dichter und Patriot fiel im Alter von 21 Jahren im Freiheitskrieg 1813 im Lützower Freikorps. Aufnahme aus dem Jahre 1931

1877 lernten mittlerweile 555 Schüler in 17 Klassen am Kreuzgymnasium. Dreißig Lehrer mühten sich um ihre Bildung und Erziehung. Qualitative Änderungen strebte man hauptsächlich im naturwissenschaftlichen Bereich an, doch gelang der Anschluß an das Forderungsniveau der leistungsfähigsten deutschen Landesschulen noch nicht. In der Übersicht zum Schuljahr 1876–1877 sah der Plan für die Oberprima unter Leitung des Rektors Hultsch wie folgt aus:

„Religionslehre:	2 h	Geschichte der deutschen Reformation
Deutsch:	4 h	Goethes Tasso, Freie Redeübungen, Aufsätze, Literaturgeschichte
Latein:	8 h	Cicero, Horatius, Tacitus
Griechisch:	7 h	Plato, Homer, Sophokles u. a. in der Privatlektüre
Hebräisch:	2 h	Psalmen
Französisch:	2 h	Molière, Aufsätze, Vorträge zur französischen Literatur
Englisch:	2 h	
Mathematik:	4 h	Stereometrie, Trigonometrie, binomischer Lehrsatz, Wahrscheinlichkeitsrechnung
Physik:	2 h	im Sommer Optik, im Winter Magnetismus
Geschichte:	3 h	Wiederholungen der altorientalischen und griechischen Geschichte und neueste Geschichte bis 1840
Gesang:	1 h	
Turnen:	2 h"	

Einblicke in die Schulwirklichkeit vermitteln auch Aufsatzthemen. Die Oberprima schrieb 1884/85 zu: „Das Sentimentale und das Epische im ersten Gesang von Herrmann und Dorothea", „Arbeit ist des Blutes Balsam, Arbeit ist der Tugend Quell". 1893/94

Otto Hultsch
Rektor der Kreuzschule von 1868 bis 1889

standen die Themen „Nationalität und Nationalliteratur", „Grieche, Römer und Deutscher" oder „Warum beruht die Einheit der Völker am meisten auf Einheit der Sprache?" zur Bearbeitung.
Literarische Figuren und Konflikte sowie reale Zusammenhänge mußten reflektiert und polemisch interpretiert werden. Diese Aufsätze bereiteten auch auf die Valediktionen jedes Oberprimaners zum Abschluß der Schulzeit vor.
Besondere Talente erfuhren durch einzelne Pädagogen individuelle Förderung. Der am Kreuzgymnasium tätige Mathematiklehrer H. R. Baltzer schuf mit den 1860 und 1862 erschienenen Bänden „Elemente der Mathematik" eine Enzyklopädie der Elementarmathematik, die sich auch an anderen Gymnasien als Lehrbuch durchsetzte. Baltzer bot seinen Schülern mathematische Kurse an, die den Knaben ein wachsendes Maß an Schöpfertum abverlangten. Den Inhalt jedoch bildeten hier beispielsweise die Integral- und Differentialrechnung, die anderenorts bereits lange Zeit Gegenstand des normalen Mathematikunterrichts waren. Kurse gehörten seit der Amtszeit Rektor J. L. Klees zum festen Bestandteil des gesamten Lehrprogramms.
Die Schule war nicht nur Bildungs-, sondern auch Lebensstätte für die Schüler. Schulfestlichkeiten, Theateraufführungen und Sportwettkämpfe vereinten Schüler, Lehrer, Eltern, Ehemalige und Honoratioren. Das Sommerfest, die Fastnachtsfeier und Weihnachten der Alumnen im Hause des Rektors, gemeinsames Singen und Wandern festigten die Gemeinschaft. Den bekannten Historiker Heinrich von Treitschke verband noch zwanzig Jahre nach der Schulentlassung ein enger Briefwechsel mit seinem Rektor Julius Klee, ebenso eine herzliche Freundschaft zu seinem früheren Lehrer und Heidelberger Kollegen Koechly. Theodor Körner, Richard Wagner oder Julius Otto repräsentierten den Anspruch des Kreuzgymnasiums an die Formung harmonisch gebildeter, individuell geförderter Persönlichkeiten in überzeugender Weise.
Mit Beginn des neuen Jahrhunderts begegnet uns ein zweizügiges Gymnasium, dem es nunmehr gelungen war, die Defizite im naturwissenschaftlichen Bereich auszugleichen, ohne daß Abstriche am traditionellen Ausbildungsniveau in den Humaniora zugelassen wurden.

DAS GYMNASIUM ZWISCHEN PLURALISMUS UND DIKTATUR

Mit Beginn des 20. Jahrhunderts hatte sich Dresden zu einer prosperierenden Großstadt entwickelt. Diese erneute Periode wirtschaftlichen und kulturellen Aufschwunges wurde zwar durch den ersten Weltkrieg und die Novemberrevolution kurzzeitig unterbrochen, in der Weimarer Republik aber weitergeführt. Zum Bild der Stadt gehörte ein vielfältiges Kultur- und Geistesleben mit internationaler Ausstrahlungskraft. Berühmte Künstler und Wissenschaftler lebten hier. Moderne Industriebetriebe und ihre Produkte zeugten von der Schöpferkraft und Leistungsfähigkeit der Werktätigen. Dresden war zu Beginn unseres Jahrhunderts gleichfalls eine anerkannte Schulstadt geworden. Zahlreiche höhere Schulen, so die Dreikönigsschule, die Annenschule, das Wettiner Gymnasium, das König-Georg-Gymnasium, das Vitzthumsche Gymnasium, das Staatliche Gymnasium Dresden-Neustadt, das Freimaurerinstitut, mehrere Privatschulen, zwei höhere Mädchenschulen und sich profilierende Realgymnasien, selbstverständlich das Kreuzgymnasium, mühten sich – oft in fördernder Konkurrenz untereinander – um eine solide, den Anforderungen der Zeit entsprechende Hochschulvorbereitung der ihnen anvertrauten Jugendlichen. Dabei hatten in der breit gefächerten Bildungslandschaft die Gymnasien altsprachlicher Prägung ebenso ihre Berechtigung wie die stärker den neuen Sprachen und Naturwissenschaften zugewandten realistischen höheren Schulen. Ihnen wurden seit 1924 Deutsche Oberschulen mit moderner lebensphilosophischer Orientierung zur Seite gestellt. Aufbauschulen, meist mit einer Oberschule verbunden, ermöglichten begabten Volksschülern, nach der siebenten Klasse in einem sechsjährigen Kurs zum Abitur zu gelangen. Unbestritten ist, daß in jenen Jahrzehnten die Gedankenwelt eines Hermann Hesse, die Tonschöpfungen von Richard Strauß, die wissenschaftlichen Leistungen Wilhelm Ostwalds oder Albert Einsteins, der moderne Ausdruckstanz Gret Paluccas, die Psychoanalyse Sigmund Freuds sowie philosophische Auffassungen Friedrich Nietzsches viele junge Menschen begeisterten.
Dem Suchen und Fragen nach dem Sinn des Lebens, Lernens und Arbeitens setzte der Nationalsozialismus ein doktrinäres, inhumanes und wissenschaftsfeindliches System

entgegen, so daß Dresden nach 1933 Stück für Stück seinen Ruf als Stadt der Kunst, Kultur und Wissenschaften verlieren mußte. Schließlich begrub der zweite Weltkrieg bedeutende Leistungen der Geschichte unter den Trümmern – so die Kreuzschule – und zerstörte den Glanz von Elbflorenz, dessen Wunden bis heute noch nicht geheilt sind. Betrachten wir die Entwicklung des Kreuzgymnasiums seit der Jahrhundertwende, so wird deutlich, daß der hohe Bildungsanspruch bis zu Beginn des zweiten Weltkrieges erhalten werden konnte.

Das kulturelle Leben an der Schule nimmt sich für den heutigen Betrachter imponierend aus. Vorträge, Konzerte unter Mitwirkung solcher Künstler wie Fritz Busch und Erna Berger, Lesungen, Theateraufführungen der Schüler und Bälle vereinten Schüler, Lehrer und Eltern. Stücke wie Grillparzers „Weh dem, der lügt"oder Goethes Lustspiel „Die Mitschuldigen" wurden durch Schuler und Lehrer einstudiert und aufgeführt. Lehrer repräsentierten in Vorträgen wissenschaftliche Leistungen und rhetorisches Können gleichermaßen. Die Schülerschaft erlebte ihre Lehrer als hochgebildete, kunstsinnige Menschen. Viele von ihnen verkörperten das erstrebte Erziehungsziel der Schule. Der Wahlspruch, der den Abiturienten des Jahrganges 1932/33 vom Rektor auf den Weg gegeben wurde, unterstreicht das erstrebte Gemeinschaftsgefühl für den einzelnen: „Nichts ist der Einzelmensch, wenn er nicht festverwurzelt ist in seinem Heimatboden und sich bekennt zur Gemeinschaft seines Volkes." Hierin findet sich Zeitgeist ebenso wie jahrhundertealte Tradition der Gemeinschaftserziehung wieder.

In das schulische Leben zur Zeit der faschistischen Diktatur in Deutschland hat bislang nur der tiefen Einblick, der unmittelbaren Anteil nehmen mußte. Eine sehr dürftige Quellenlage und Klischees im Wertungsgefüge für die Erziehung ab 1933 müssen überwunden werden, um gerechte Urteile aus sicheren Erkenntnissen ableiten zu können.

Augenzeugen und Betroffene verweisen auf innere Spannungen im schulischen Leben, die nicht selten bis an die Grenze der psychischen Belastbarkeit reichten. Sie resultierten aus unauflösbaren Widersprüchen zwischen dem Willen zur Wahrung des über Jahrhunderte an der Kreuzschule Gewachsenen und der faschistischen Vereinnahmung. Nur hinter einem Schild äußerer Anpassung war es der Mehrzahl der Lehrer möglich, Elementares aus der Eigenbewegung in der

1926, wegen des ersten Weltkrieges um zehn Jahre verspätet, feierten die Kreuzschule und der Chor ihr 700jähriges Jubiläum. Umzug der Kreuzschüler zum Sportfest.

humanistischen Tradition unverfälscht im Bewußtsein zu behalten. Dennoch muß es zu einem steten Abbau des bewährten pädagogischen Ethos, zur wachsenden Auflösung progressiver erzieherischer Werte, Normen und Verhältnisse gekommen sein, die das direkte Eindringen faschistischen Geistes ermöglichten. Nicht wenige Schüler und Lehrer des einstmals selbstbewußten Kreuzgymnasiums zogen sich resignierend in eine Nische zurück; einige mußten die Schule verlassen. Andere Kruzianer erlagen der Suggestion von propagierten „Lebenswerten", die ihnen das Gefühl gaben, völlig frei und selbständig ihre Kräfte für Erstrebenswertes einsetzen zu können. So manipulierte Hirne und Herzen halfen Tod über Europa und die Heimat zu bringen. Als schändlich Betrogene starben viele ehemalige Schüler der Kreuzschule in dem Glauben, Homers Forderung erfüllt zu haben: „Eins ist Gottes höchstes Gebot: Zu schirmen die Heimat!" Ihre Heimatstadt und ihre große Schule wurden am 13. und 14. Februar 1945 Opfer des barbarischen Systems, von dem sie sich blenden ließen. Ergreifend ist der Augenzeugenbericht des damaligen Alumnatsinspektors der Kreuzschule Alfred Gebauer, der beschreibt, was sich im Luftschutzkeller der Schule vom Fallen der Bomben bis zum völligen Ausbrennen des Gebäudes abspielte. Wir lesen: „Unmittelbar nach Schluß des Angriffs wurden zunächst Löschtrupps ins Hauptgebäude und in den Anbau gesandt; ich führte den nach dem Hintergebäude. Starke Rauchentwicklung und bereits weitausgedehnter Brand ließen die Aussichtslosigkeit jeden erfolgreichen Löschens erkennen. Wir kehrten zum Keller zurück. Ich sah den rasch nach unten um sich greifenden Brand des gesamten Hauses, das Herabstürzen brennender Balken in den nach der Bürgerwiese gelegenen Gebäudes. Der Georgplatz und die Bürgerwiese waren ein einziges Flammenmeer, und der dichte Funkenflug von fingergroßen und fingerdicken Funken, begünstigt durch einen heftigen Sturm, erschwerte das Vorwärtskommen auch schon beim Verlassen der Kreuzschule."

Es waren nicht nur die materiellen Trümmer von den 15 Quadratkilometern der Innenstadt Dresdens nach den Bombenangriffen zu beräumen; ebenso schwierig erwies sich, die hinterlassenen „geistigen Trümmer“ zu entfernen. Dieser Aufgabe stellten sich die Antifaschisten, Christen und Demokraten unmittelbar nach der Befreiung vom Faschismus. Unter ihnen befand sich der Absolvent der Kreuzschule Rudolf Friedrichs, erster Oberbürgermeister der Stadt und späterer Präsident der Landesverwaltung Sachsens. Bei der Vorstellung vor dem ersten Verwaltungsgremium der Stadt, dem Stadtrat, dem als Dezernent für Kultur und Volksbildung Heinrich Greif angehörte, vergaß er nicht, sich als ehemaliger Kruzianer auszuweisen. Die Chance für einen Neubeginn in bewährter Tradition war auch für die Kreuzschule gegeben.

Erste rechtliche, inhaltliche und organisatorische Anordnungen für die Aufnahme des Schulbetriebes im Besatzungsgebiet der Sowjetunion verfügte die Sowjetische Militäradministration in Deutschland (SMAD) mit dem Befehl Nr. 40 vom 25. August 1945, über „die Vorbereitung der Schulen zum Schulbetrieb“. Dem Befehl 40 folgten detaillierte Anweisungen der Landesverwaltung Sachsen und des Rates der Stadt. Der Kreuzschule wurden für die Aufnahme des Unterrichts Klassenräume im teilweise zerstörten Wettin-Gymnasium und in der ebenfalls beschädigten 6. Volksschule zugewiesen. Noch im Juni 1945 war in der Wettinschule am heutigen Fritz-Heckert-Platz ein Postamt untergebracht, und die 6. Volksschule an der Ehrlichstraße war mit Obdachlosen belegt worden. Wie aus den Archivunterlagen ersichtlich ist, begannen am 1. Oktober 1945, dem angeordneten Beginn des Unterrichts in allen allgemeinbildenden Schulen, auch 15 Klassen der Kreuzschule den Unterricht. Das waren acht Klassen weniger als 1937. Für die jeweils zwei zweiten, dritten und vierten Klassen wurden Räume in der 6. Volksschule, für die übrigen elf im Wettinum vorgesehen. Es mußte in Schichten unterrichtet werden. Mittwochs und sonnabends wurden jeweils drei Stunden am Vormittag unterrichtet, an den übrigen Tagen sechs Stunden von 8.30 Uhr bis 13.30 Uhr beziehungsweise von 14.00 Uhr bis 19.00 Uhr. Die Unterrichtsstunden umfaßten anfangs 40 Minuten. Neue Schüler (für 1. Klassen) wurden an der Kreuzschule 1945 nicht aufgenommen. Die anwesenden Lehrer erfuhren aus dem Munde des Rektors Werner Hoffmann

Das Ecce der Kruzianer, ein jährlich erscheinendes Mitteilungsblatt, hält die wichtigsten Ereignisse des jeweiligen Jahres fest.

zwei Tage vor Unterrichtsbeginn die Unterrichtszeiten, die Aufteilung der Klassen auf die beiden Schulgebäude und erste Maßnahmen, die sich aus dem Befehl Nr. 40 ergaben:

- Geschichtsunterricht und Lebenskunde wurden zunächst nicht erteilt;
- alle Schüler brachten ihre Lehrbücher mit. Sie wurden beschlagnahmt. Für die „Durchsicht und Reinigung" der Bücher der einzelnen Unterrichtsfächer wurden Lehrer namhaft gemacht;
- da keine Lehrpläne vorlagen, wurde zunächst auf den Landeslehrplan vom 10. Mai 1932 zurückgegriffen, der sinngemäß zu verwenden war;
- Erdkunde wurde ohne Geopolitik erteilt;
- Russisch mußte als zweite Fremdsprache eingeführt werden.

Besondere Hinweise wurden für die „Abiturklassen" gegeben, worunter die Klassen Sieben (Sekunda) und Acht (Prima) zu verstehen sind. Die letzteren sollten bereits Ostern 1946 ihr Abitur ablegen, während die Schüler der siebenten Klassen auf das Abitur Ostern 1947 vorbereitet werden sollten. Für eine höhere Schule am schwierigsten zu erfüllen waren die Anordnungen des Befehls 40 für Lehrende. Es galt, alle Lehrer zu erfassen und diejenigen von ihnen anzustellen, die in der Lage waren, Kinder und Jugendliche nach demokratischen Grundsätzen zu erziehen. Auch Personen aus demokratischen, antifaschistischen Kreisen mit nötiger Allgemeinbildung konnten zur pädagogischen Arbeit herangezogen werden. Von den an der Kreuzschule tätig gewesenen nationalsozialistisch belasteten Lehrern wurden die ersten Anfang August 1945 entlassen. Am 1. Oktober, zum angeordneten Unterrichtsbeginn, standen 18 Lehrkräfte zur Verfügung. Im wesentlichen war die angewiesene Bereinigung des Lehrkörpers im Dezember 1945 abgeschlossen. Die anfallenden Stunden in den Fächern Deutsch, Latein, Griechisch, Englisch, Französisch, Russisch, Erdkunde, Mathematik, Kunsterziehung, Turnen, Physik, Chemie und Biologie konnten durch das Lehrerkollegium abgesichert werden.

Der Georgplatz und die Kreuzschule nach der Zerstörung im Jahre 1945

Im ersten Nachkriegsschuljahr an der Kreuzschule wirkten sich die Zerstörungen Dresdens in vielerlei Hinsicht beträchtlich aus. Für die Internatsschüler waren die Mahlzeiten von den zugebilligten Rationen auf Lebensmittelkarten zuzubereiten. In den Schulen fehlte es fast an allem: Schreibhefte, Kreide, Lehr- und Lernmittel, Reinigungsmaterialien, Einrichtungsgegenstände für Klassenräume und anderes mehr. Die Unterbringung in zwei Schulgebäuden bereitete zusätzliche Schwierigkeiten.
Trotz aller Erschwernisse zeigten sich bereits nach wenigen Monaten Unterrichts erfreuliche Anzeichen neuen Wollens. Die Kreuzschüler halfen bei Enttrümmerungseinsätzen, unternahmen erste Altstoffsammlungen und starteten notwendige Arbeitseinsätze.

Am Gymnasium Dresden-West, dem Wettinum, bestanden nach der neuen Prüfungsordnung 43 Teilnehmer die Reifeprüfung und konnten Ostern 1946 zum Studium entlassen werden. Die Kreuzschule hatte trotz vieler Schwierigkeiten das erste Nachkriegsschuljahr erfolgreich gemeistert. Nun schickte sie sich an, eine Reihe von Überlegungen anzustellen, wie bei Wahrung und Weiterführung humanistischer Schultraditionen der antifaschistisch-demokratischen Umgestaltung entsprochen werden konnte. Auch für sie, die ab März 1947 wieder die traditionelle Bezeichnung „Kreuzgymnasium" führte, galten die Festlegungen des am 31. Mai 1946 vom Präsidium der Landesverwaltung Sachsen im Kurhaus Bühlau verabschiedeten „Gesetzes zur Demokratisierung der deutschen Schule". Mit dem

darin fixierten Erziehungsziel, „die Jugend frei von nazistischen und militaristischen Auffassungen im Geiste des friedlichen und freundschaftlichen Zusammenlebens der Völker und einer echten Demokratie zu wahrer Humanität zu erziehen", konnten sich Lehrer wie Schüler fraglos identifizieren.

Besonders bemerkenswert für den Unterricht in der Oberstufe war, daß nach dem Gesetz eine Differenzierung in Kern- und Kursunterricht eingeführt und wie an anderen größeren Oberschulen der Unterricht nach einem

A – oder neusprachlichen Zweig,
B – oder mathematisch-naturwissenschaftlichen Zweig und
C – oder altsprachlichen Zweig erfolgen konnte.

Von den 322 Schülern der Kreuzschule entschieden sich 20 Schüler für den neusprachlichen, 32 Schüler für den mathematisch-naturwissenschaftlichen und 270 Schüler für den altsprachlichen Zweig. Diese Angaben aus dem Schuljahr 1949/50 belegen, daß das Kreuzgymnasium gemäß seiner Tradition den alten Sprachen (Latein und Griechisch) verpflichtet blieb. Dazu gehörte auch, daß es bis August 1949 keine Koedukation zuließ.

Erst mit dem 1. September 1949 erfolgte die Aufnahme von 33 Mädchen in die drei 9. Klassen.

Im Gesetz zur Demokratisierung der deutschen Schule waren keine speziellen Aussagen zum Lehrerethos enthalten. Bei den Lehrkräften an den Oberschulen, so auch an der Kreuzschule, stieß die „Säuberung" der Kollegien auf große Schwierigkeiten. Es waren besondere Anforderungen wie solide Kenntnisse auf mindestens einem Fachgebiet, hohe Allgemeinbildung und pädagogisches Können zu erfüllen, so daß dem Einsatz der Neulehrer von vornherein enge Grenzen gesetzt waren.

Über das Ausscheiden und die Neuauf-

Im Wettiner Gymnasium, teilweise zerstört, begann am 1. Oktober 1945 für die Kreuzschüler wieder der Unterricht.

nahme von Lehrern in das Kollegium der Kreuzschule gibt der Vergleich von zwei Lehrerverzeichnissen (Januar/März 1947 und Februar/März 1950) Auskunft. In diesem Zeitraum verringerte sich die Anzahl von 33 auf 22 Lehrkräfte. Der namentliche Vergleich ergibt einen tatsächlichen Abgang von 17 Lehrkräften in diesen drei Jahren (11 Altlehrer und 6 Neulehrer); sechs Namen erscheinen im Lehrerverzeichnis 1950 neu. Der Anteil der Neulehrer verringerte sich von 36,4 % im Jahre 1947 (21:12) auf 22,8 % im Jahre 1950 (17:5).
Von 1945 bis 1954 stand die neu zu formierende Kreuzschule unter der Leitung des promovierten Pädagogen Werner Hofmann. Er hatte schon vorher an der Kreuzschule als Konrektor gewirkt und war bei seinem Einsatz als Direktor bereits 64 Jahre alt. Seine zunächst von Erfolg gekrönten Bemühungen um die Aufrechterhaltung des Kreuzgymnasiums in der eigenständig-humanistischen Traditionslinie konnten im Zusammenhang mit der Schaffung der weltlichen Einheitsschule nur begrenzt weitergeführt werden. In einem Schreiben vom 23. Oktober 1948 verfügte der damalige Stadtschulrat Clemens Dölitzsch: „Nach Mitteilung der Landesregierung Sachsen, Ministerium für Volksbildung, gibt es in ganz Sachsen keine Gymnasien mehr, sondern nur noch Oberschulen. Das bisherige Kreuzgymnasium wird ab sofort Kreuzschule genannt." Neben dieser formalen Umbenennung erfolgten organisatorische und inhaltliche Veränderungen, die die Spezifik der Schule reduzierten. Schrittweise vollzog sich die inhaltliche Trennung Schule – Kirche.
Der Religionsunterricht durfte weiterhin in den Räumen der Schule durchgeführt werden.
Trotz neuerlicher staatlicher Eingriffe in das wieder erblühende Leben der Kreuzschule setzte die Mehrzahl der Lehrenden und Lernenden auf das Bekenntnis der führenden Schulpolitiker zum verpflichtenden humanistischen Erbe und engagierte sich. Daß sie erneut betrogen und entrechtet werden sollten, durchschauten zunächst nur wenige. Ein Indiz unter vielen dafür dürfte der Versuch gewesen sein, nach der Abtrennung der Kreuzkirche vom pädagogischen Prozeß, auch Schule und Chor voneinander zu lösen. Die äußerlichen Gründe für die fünfjährige Trennung mögen sehr vielfältig gewesen sein. Es ist sicher nicht ausreichend, wenn nur die räumliche Entfernung zwischen der Kreuzschule am Fritz-Heckert-Platz 13 und der Internatsunterbringung – Eisenacher Straße 21 – angegeben würde. Umstritten bleibt wohl, was in der Chronik aufgeführt ist: „Steigende Anforderungen an Chor und Schule, Schwierigkeiten im Arbeits-

Das Lehrerkollegium der Kreuzschule 1948

rhythmus, räumliche Trennung zwischen Chor und Kreuzschule (Oberklassen) führen im August 1954 zur Gründung der Internatsschule des Kreuzchores."

Aus den Akten des Archivs der Kreuzschule geht hervor, daß der damalige Direktor am 5. April 1954 einen fünfseitigen Vorschlag zur Kenntnisnahme zugeschickt erhielt, wonach die Einrichtung eines musikalischen Zweiges zu den bestehenden erwogen wurde.

Nach einer kurzen Situationsschilderung ist zu lesen:

„Zur Frage steht also:

1) den Dresdner Kreuzchor als künstlerisches Institut zu erhalten und weiterhin so zu fördern, daß er seinem Ruhm, seiner Bedeutung und seinen Aufgaben im breitesten Umfange gerecht werden kann;
2) die Belange der Ausbildung der Schüler so einzurichten, daß für die Schüler selbst keine Nachteile entstehen."

Nach Vorbereitung in den letzten Monaten des Schuljahres 1953/54 wurde ab 1. September 1954 die einzügige „Internatsschule des Kreuzchores" mit den „Sopranistenklassen" (Klasse 5 bis 8) und den Klassen der Oberschule (9 bis 12) gebildet, die auf der Eisenacher Straße untergebracht war. Der Chor umfaßte damals 110 Sänger. Daneben bestand die den offiziellen Namen „Kreuzschule" tragende Oberschule am Fritz-Heckert-Platz mit rund 500 Schülern. Einer kurzen Passage im Protokoll dieser Schule zur Jahreseröffnungskonferenz am 25. August 1954 ist lediglich zu entnehmen, daß der stellvertretende Direktor die Trennung zwischen Kreuzchor und Kreuzschule und die sich daraus ergebenden Veränderungen (Abgang von 11 Kollegen) bekanntgab.

Als ein Musikkritiker die Öffentlichkeit in einem Artikel in der Tageszeitung der Christlichen-Demokratischen Union Deutschlands über die Bildung der Internatsschule des Kreuzchores informierte, lösten einige Formulierungen „bei Eltern und Freunden ... und selbst bei Lehrern und Schülern" der Kreuzschule Verwirrung aus. Die Einwände gegen diesen Artikel wurden dem Chefredakteur der Zeitung mitgeteilt und eine Zweitschrift dem Direktor der Internatsschule übersandt. Man wollte damit verhindern, daß Gerüchte verbreitet werden und ein „Krieg" zwischen den beiden Einrichtungen ausbrach. Ferner sollte Tendenzen entgegengetreten werden, die Kreuzschule nur auf eine Chorschule zu reduzieren. Mit dem Autor des Artikels stimmte man in einer Formulierung überein: „In dem Dreiklang von Chor, Schule und Kirche liegt ein historisches Stück Dresden begründet." Damit war das Zentralproblem für diese Schule offengelegt. Der Verzicht auf diese tragenden Säulen mußte unüberbrückbare Folgen für den pädagogischen Prozeß mit sich bringen und den Identitätsverlust der traditionsreichen Bildungseinrichtung beschleunigen.

Es ist Demokraten, Christen und dem Kreuzkantor Rudolf Mauersberger zu verdanken, daß im Jahre 1959 die zeitweilige Trennung aufgegeben werden konnte. Diese freudige Nachricht vom Sieg über eine sich neu konstituierende Diktatur erfuhr das Kollegium der Kreuzschule im Gebäude des ehemaligen Wettinums in einer Sondersitzung des Pädagogischen Rates am 29. April 1959. Es hieß, daß das Grundstück Eisenacher Straße für die Kreuzschule vollkommen geräumt werden soll. Kreuzschule und Internatsschule werden – vereinigt mit Internat, Kreuzkantorat und Chor – in dem ehemaligen Freimaurer-Institut Unterkunft finden. Im Protokoll wurde festgehalten: „In der neuen Schule soll das musische Prinzip im Vordergrund stehen. Die Klassen der beiden Teile sollen weiter getrennt geführt werden, da Unterschiede im Bildungsniveau vorhanden sind, die sich durch die Belange des Chores ergaben." Für den Unterricht in den Naturwissenschaften sollte – soweit möglich – das Kabinett-System in Anwendung kommen. Für den folgenden Monat war eine gemeinsame Sitzung der beiden Pädagogischen Räte vorgesehen.

Etwa vier Wochen danach versammelten sich die Angehörigen beider Kollegien (der Kreuzschule und Internatsschule) im Gebäude auf der Eisenacher Straße 21.

An der bereits angekündigten Beratung am 29. Mai 1959 nahm auch Mauersberger teil, dem man für seine Bemühungen bei der Vereinigung beider Schulen dankte.

Der anwesende Stadtschulrat bat um Verständnis für die schnelle Zusammenlegung ab 1. September 1959 und hoffte auf eine offene Atmosphäre zwischen beiden Kollegien. Er charakterisierte die Schule als Oberschule mit musischem Einschlag und unterbreitete Vorstellungen für die gemeinsame Leitung. Die Aufmerksamkeit sollte nunmehr dem Unterricht von 27 Klassen gelten, davon den vier sogenannten Sopranistenklassen (5 bis 8), je fünf Klassen in den Stufen 9 und 10 und dreizehn

Klassen in 11 und 12. Zunächst mußte noch eine Übergangslösung für vier „Wanderklassen" unter Einbeziehung einer Villa in der Dornblüthstraße getroffen werden. In einem weiteren Bauabschnitt ging es um die Fertigstellung der Fachräume (bis Februar 1960) und einer Turnhalle.
In der Zeit vom 20. Juli bis 25. August 1959 geschah die Übersiedlung wertvoller Teile der Lehrmittelsammlung vom Fritz-Heckert-Platz zur Eisenacher/Dornblüthstraße. Als Auftakt für den Schulbeginn im neuen Schuljahr wurde diese Vereinigung als Neubeginn am 7. September 1959 in einem Festakt im Deutschen Hygiene-Museum feierlich begangen.
Um das gesamte Schulwesen auf eine dirigistische Staatspädagogik festzulegen, verabschiedete die Volkskammer am 2. Dezember 1959 das „Gesetz über die sozialistische Entwicklung des Schulwesens in der Deutschen Demokratischen Republik". Damit wurde
- die zehnklassige allgemeinbildende polytechnische Oberschule (Kurzbezeichnung: Oberschule) zur Schule für alle Kinder;
- die zwölfjährige allgemeinbildende polytechnische Oberschule (Kurzbezeichnung: Erweiterte Oberschule) eine der weiterführenden Bildungswege neben anderen.

Diese Entwicklung wurde mit dem „Gesetz über das einheitliche sozialistische Bildungssystem" vom 25. Februar 1965 weitergeführt. Die Kreuzschule setzte bis Ende der sechziger Jahre eine Kompromiß-Struktur durch, die wider diese Zwänge von außen Bewährtes in begrenztem Umfange erhalten half:

Klassenstufen	5	6	7	8	9	10	11	12
Anzahl der Klassen	1	1	1	1	5	5	4	4
Anzahl der Schüler	21	25	21	18	159	157	126	112
Insgesamt	699 Schüler							
davon	ab Klasse 9 jeweils eine Chorklasse				eine altsprachliche Spezialklasse			

Wachsender Fremdbestimmung durch die SED-Administration in den 70er Jahren setzte die Schule viele Bemühungen entgegen, um Elementares aus den Traditionen zu erhalten. 1972 kam es zwischen dem Rat der Stadt Dresden und der Evangelisch-Lutherischen Kreuzkirchgemeinde zu einer erneuten Vereinbarung gemäß Artikel 39 der Verfassung der DDR über die Tätigkeit von Kirchen und Religionsgemeinschaften. Es wurden sieben Punkte vereinbart, darunter

Das ehemalige Freimaurergymnasium in der Eisenacher Straße wurde 1959 neues Domizil für die Kreuzschule, den Chor und das Kreuzkantorat. Damit konnte die Trennung von Schule und Chor nach 14 Jahren aufgehoben werden.

Die heutige Kreuzschule

- eine jährliche Arbeitsvereinbarung von Vespern in der Kreuzkirche, Aufführungen von Passionen, Requien und Oratorien sowie anderen chorsinfonischen Werken; liturgisch-kirchenmusikalische Dienste zu Weihnachten, Ostern und Pfingsten;
- Einsätze und Dienste des Dresdner Kreuzchores in Kirchen außerhalb Dresdens;
- eine Gebührenordnung;
- Modalitäten der Koordinierung von Kreuzkirchgemeinde, Kreuzchor und Kreuzschule;
- Berufung des Leiters des Dresdner Kreuzchores durch den Rat der Stadt und die Stadtverordnetenversammlung und des Kreuzkantors durch die Kreuzkirchgemeinde.

Diese Vereinbarung vom 21. Juli 1972 unterzeichneten für den Kirchenvorstand der Evangelisch-Lutherischen Kreuzkirchgemeinde der Superintendent als Vorsitzender und für den Rat der Stadt Dresden der Oberbürgermeister. Neu geschaffen wurde schließlich 1982 das Arbeitsfeld eines Direktors des Dresdner Kreuzchores, der die Verantwortung des Direktors der Kreuzschule gegenüber dem Chor wahrnahm.

Die weitere Verwirklichung des Schulgesetzes von 1965 forderte am Ende der 70er Jahre als Grundsatzentscheidung für die Allgemeinbildung, ob im Rahmen der zur Hochschulreife führenden Bildungseinrichtungen

entweder – ein *vierjähriger* Lehrgang zum Abitur führen und die Hochschulreife gewähren sollte (Übergang nach Klasse 8 der Pflichtschule),

oder – in einem *zweijährigen* Lehrgang als „Abiturstufe" dieses Ziel erreicht werden sollte (Übergang nach Klasse 10).

Die Entscheidung fiel für den zweiten Weg. Das Kollegium der EOS Kreuzschule sprach sich – wie Schwesterschulen und Hochschulen – nachdrücklich gegen diese Vergewaltigung aus. Die Bezirksleitung der SED schlug die Proteste der Schulleitung und Lehrer in den Wind und disziplinierte schließlich alle Schulangehörigen. Mit der erzwungenen schulorganisatorischen Änderung mußte das Anspruchsniveau der Hochschulvorbereitung zwangsläufig auf den niedrigsten Stand in der Nachkriegsgeschichte der Schule sinken.

Die materiellen Bedingungen entwickelten sich demgegenüber positiv. Mit einer langfristig angelegten, umfassenden Rekonstruktion ab 1973 konnte das Internat neu gestaltet und auf 120 Plätze erweitert werden. Für die Internatsschüler stand nunmehr auch eine Krankenstation zur Verfügung. 1978 wurde die neue Turnhalle fertiggestellt, die auf dem Platz des ehemaligen südlichen Lehrerhauses an der Ermelstraße entstand.

Nicht wenige Lehrer und Schüler hatten sich über 20 Jahre in ihr Schicksal gefügt oder sich mit der stalinistischen Schulverwaltung des Bezirkes Dresden verbunden. Große Hoffnungen artikulierten sich seit dem Oktober 1989. Vielfältig waren die Initiativen der Kreuzschule seit dem November 1989, um zu traditioneller Leistungsfähigkeit humanistischer Prägung zurückzufinden. Das Kollegium der EOS Kreuzschule wandte sich mit einem offenen Brief vom 3. November 1989 an das Ministerium für Volksbildung:

- Es wurden Vorstellungen an die Arbeitsgruppe „Abiturbildung“ beim Ministerium für Bildung am 11. Dezember 1989 unterbreitet;
- es ist vorgeschlagen worden, einen erfahrenen Lehrer der EOS Kreuzschule in die Arbeitsgruppe zu berufen;
- die Klasse 12 b4 wandte sich mit einem offenen Brief vom 22. November 1989 ebenfalls an das Ministerium;
- es sind „Bemerkungen zur künftigen Abiturstufe“ – am 21. November 1989 von einem Lehrer verfaßt – ebenfalls der Arbeitsgruppe „Abiturbildung“ zugeleitet worden.

Der Grundtenor von Gegenwartsforderungen lautete:

- Erhöhung der Qualität der Hochschulvorbereitung,
- Entlastung der Pädagogen von Aufgaben, die nicht zum eigentlichen Berufsprofil gehören, und die Überarbeitung der Arbeitsordnung für Pädagogen,
- Entpolitisierung des Bildungs- und Erziehungsprozesses.

Das Treppenhaus der Kreuzschule ist im wesentlichen heute noch so erhalten.

Nicht zu übersehen ist die Forderung: „Wir halten es dringend für notwendig, neue Überlegungen zu den Arbeits- und Ausbildungsbedingungen der Kruzianer zu entwickeln. Dazu werden wir konkrete Vorschläge gesondert einreichen.“ Alle Überlegungen waren darauf gerichtet, höhere Bildung wieder erstrebenswert werden zu lassen.
Wider die Forderung vieler Lehrer, Schüler und deren Eltern an der Kreuzschule, eine totale Nivellierung auszuschließen, und wider die durch Wissenschaftler angemahnten Verpflichtungen zur Wahrung dieses spezifischen humanistischen Erbes, hatte seit Mitte der fünfziger Jahre eine autoritäre Staatspädagogik, die auf politisch-administrativer Ebene produziert wurde, seit 1945 wachsende, hoffnungsvolle Neuansätze pädagogischen Denkens zurückgedrängt. Es ist dem Verantwortungsbewußtsein von Lehrern und leitenden Mitarbeitern der Kreuzschule, der Kreuzkantoren, den Geistlichen der Kreuzkirche und der Toleranz einiger Vertreter der Abteilung Volksbildung zu danken, daß trotz rigider Lehrplanvorgaben und dirigistischer Eingriffe in alle Bereiche des Lehrens und Lernens ein eigenständiges Schulklima und eine hohe Leistungsbereitschaft bei den Schülern erhalten werden konnte.

Das zweite Mal in diesem Jahrhundert wurden Kruzianer durch eine Diktatur zur Aufgabe christlich-humanistischer Werte gezwungen – die Einheit von Kirche, Schule und Chor war zerbrochen. Ihre Schule blieb insofern geduldet, als sie zur Legitimation des Staates mit dem Unfehlbarkeitsanspruch diente. Wiederum gab es Resignation bei den Sehenden. Andere, ursprünglich von der Redlichkeit sozialistischen Wollens überzeugt, gaben auch dann nicht auf, Gutes bewahren zu helfen, als die vom Honecker-Ministerium erzwungene Disziplinierung das gesamte schulische Leben zu politischer Loyalität verpflichtete und eigenverantwortliches Denken und Handeln auf ein Minimum begrenzte. Nicht wenige Schüler und Lehrer nutzten jedoch den verbleibenden Spielraum individueller Wahl- und Entscheidungsmöglichkeiten, um der trostlosen Monotonie zu begegnen, die dieser unheiligen Allianz von „sozialistischer Politik" und Pädagogik folgte. Viele vertrauten pädagogischen Intentionen von Karl Marx, die bei der Kritik der „bürgerlichen Pädagogik" so schlüssig erschienen; sie wagten aus Existenzangst nicht mehr aufzubegehren, als sie erkennen mußten, daß marxistische pädagogische Fragmente für ein gesamtgesellschaftliches Bildungskonzept nicht tragfähig waren. Es wäre Selbstbetrug, wenn man ausschließen wollte, daß es auch an der Kreuzschule Lehrende und Lernende gab, die das normierende und deformierende Erziehungsziel einer selbstgefälligen und korrupten „Führung" kritiklos unterstützten. Sie halfen mit, die Schule einer ideologisch motivierten Kontrolle zu unterwerfen, das zweckkonstruierte Allgemeinbildungskonzept verbindlich zu machen und kritisches Nachfragen oder Initiativen zu eigenständiger sozialer Verantwortung zu begrenzen. Die jüngste Geschichte hat uns erneut gelehrt, daß erzwungene Distanz zum Erbe sowie Verbote für das Austragen von Konflikten oder Begrenzung der Gedanken- und Bewegungsfreiheit, also die Unterdrückung von Pluralismus im pädagogischen Denken und Distanz zur Individualisierung im erzieherischen Handeln große Verführungen für despotische Systeme sind. Die Kreuzschule hat über Jahrhunderte die Kraft aufgebracht, von außen erzwungene Wesensfremdheit zu überwinden; es wird ihr auch in der Gegenwart gelingen.

Für den Neubeginn in einer freiheitlich-demokratischen Ordnung liegt aus Not oder Neigung die ungeprüfte Übernahme des vermeintlich Bewährten nahe. Bedenken wir dabei: Erzieherisches ist an Lebenserfahrung, an akzeptierbare Werte, an persönliche Identifikationsmöglichkeiten gebunden. Aus der gegenwärtigen Identitätskrise darf kein Verleugnen oder Verdrängen der Vergangenheit erwachsen. Alte Gesinnungen, Theorien und Überzeugungen sind nicht einfach austauschbar. Notwendige Veränderungen können aus kritischer Selbstprüfung, aus dem Willen zum neuen Anfang wachsen. Die Kreuzschule wird erneut an die großen Leistungen in ihrer eigenen Geschichte zielstrebig und sachkundig anknüpfen sowie bewährte pädagogische Erkenntnisse aus westeuropäischen Traditionsschulen sorgsam auf Assimilationsmöglichkeiten prüfen. Sie sollte auf ihrem steinigen Weg aus dem aufgezwungenen Niedergang unverwechselbare Zeichen setzen, die Suchende als Wegweiser nehmen können.

REKTOREN DER DRESDNER KREUZSCHULE

Conradus	um 1300
Hermannus	um 1334
Franz von Dippoldiswalde	um 1394
Andreas	1407–1412
Peter von Dresden	1411–1413
Nikolaus Thirmann	1413–1418
(2 Unbekannte)	
Gelfryt Weiße	1430–1434
(Unbekannt)	1434–n. a.
Paul Koppel	1440–n. a.
Nikolaus Becherer	1447–n. a.
Nikolaus Plettner (Plattner)	1448–(1456)
Johann Geda	1458–n. a.
Lorenz Meißner	um 1463–1471
(Unbekannt)	1472–1479
Johann Hondorff	1479–n. a.
Ludwig Götz(e)	1485–(1489)
(2 Unbekannte)	
Nikolaus Ihener	um 1500–n. a.
Kilian Kotschberger	n. a.–1511
Johann Knesmaert	1511–(1514)
Georg Döring	1516–1522
Dietrich Lindemann	1522–1525
Johann Scheffel	1526–n. a.
Melchior Ruel	n. a.
Matthias Häusler (Heussler)	n. a.
Georgius Zieler (Ziegler)	n. a.
Pistoris (Pistorius)	n. a.–1539
Nikolaus Caesius	1540–1558
Tobias Mostell (Möstel)	1558–1566
Johann Purchold (Purgold)	1566–1571
Friedrich Zörler (Zorler)	1571–1581
Bernhard Herold	1582–1585
Barthold (Bartholomäus) Rulich	1582–1585
Michel Rackelmann	1585–1589
Caspar Jänichen	1589–1591
Tobias Siman	1591–1624
Georg Hausmann	1624–1639
Johann Bohemus	1639–1676
Johann Augustin Egenolf	1676–1688
Jonas Gelenius	1689–1727
Christian Schöttgen	1727–1751
Christophorus Kretzschmar	1752–1764
Daniel Traugott Müller	1764–1771
Christian Friedrich Olpe	1772–1802
Benjamin Gotthelf Beutler	1802–1804
Christian Henricus Paufler	1804–1816
Christian Ernst August Gröbel	1816–1848
Julius Ludwig Klee	1848–1867
Friedrich Otto Hultsch	1868–1889
Heinrich Alb. Julius Stürenberg	1889–1910
Otto Stange	1910–1921
Hans Helck	1921–1939
Martin Goldammer	1939–1944
Hans Kastner	1944–1945

DIREKTOREN DER DRESDNER KREUZSCHULE NACH 1945

Oberschule-West/Kreuzschule

Werner Hofmann	1945–1950
Benjamin Satlow	1950–1952
Helmut Ostermeier	1952–1956
Ursula Schinck	1956–1962
Gottfried Richter	1962–1982
Karl-Heinz Freyboth	1982–1990

DIREKTOREN DER INTERNATSSCHULE KREUZCHOR

Herbert Müller	1954–1956
Erich Sommer	1956–1958
Heinz Siefert	1958–1959

AUSWAHLBIBLIOGRAPHIE ZUR GESCHICHTE DER DRESDNER KREUZSCHULE

Baumgarten-Crusius, Carl, Über das Schulwesen der Stadt Dresden. Darstellung des gegenwärtigen Zustandes und Wünsche für die Zukunft. – Dresden/Leipzig, 1831. 31 S.

Bericht der wegen Reorganisation der Kreuzschule in Dresden niedergesetzten außerordentlichen gemischten Deputation (vom 27. 9. 1848). – 30 S.

Beutel, Georg, Die alte Kreuzschule. – Mit Abb.: Nordfassade 1557–1812; Ansicht 1812–1891. – In: Dresdner Geschichtsblätter 8 (1899). – S. 164–168

Dittrich, Paul, Das Dresdner „Gymnasium zum Heiligen Kreuz". – In: Sächsische Gymnasien. Aus der Geschichte bedeutender Schulen Mitteldeutschlands. Bd. 1. – Troisdorf, 1961. – S. 115–127

Helck, Hans, Die Kreuzschule von 1772–1817. – In: Festschrift zur Jubelfeier der Kreuzschule 1926. – Dresden, 1926. – S. 9–33

Heyne, Erwin, Der Kampf um die Neugestaltung der sächsischen Gymnasien insbesondere der Kreuzschule zu Dresden 1845–1859. – In: Arbeiten aus dem Stadtarchiv und der Staatsbibliothek zu Dresden. Bd. 8 – Dresden, 1937. – S. 72–113

Kunath, Herbert, Beiträge zur Chronik der Kreuzschule und des Kreuzchores zu Dresden. – Dresden, 1986–1988. – T. 1–4. – als Manuskript

Löscher, Hermann, Kreuzkantorat, Kreuzchor und Kreuzalumnat zu Dresden. – In: Zeitschrift der Savingy-Stiftung für Rechtsgeschichte. Bd. 72. – Weimar, 1955 (= 41). – S. 184–279

Müller, Georg Hermann, Die Kreuzschule zu Dresden vom 13. Jahrhundert bis 1926. – (Arbeiten aus dem Ratsarchiv und der Stadtbibliothek zu Dresden. Bd. 4). – Leipzig, 1926. – 60 S.

Neubert, Karl Heinrich, Schola Crucis, Schola Lucis. Aus der Geschichte der Kreuzschule zu Dresden. – Dresden, 1833. – 62 S.

Schmidt, Walter, Bibliographische Notizen über Kreuzchor und Kreuzschule. – Dresden, 1957. – 4 Bl.

Urbach, Theodor, Kleine Chronik der Kreuzschule. Erinnerungsgabe. – Dresden, 1891. – 55 S.

Urbach, Theodor, Kreuzschule in Dresden. – In: Übersicht über die geschichtliche Entwicklung der Gymnasien. – S. 77–96 (Veröffentlichungen zur Geschichte des gelehrten Schulwesens im albertinischen Sachsen. Teil 1)

Hans John

DIE GESCHICHTE DES DRESDNER KREUZCHORES[1]

Die Frühgeschichte des Dresdner Kreuzchores ist nicht genau überliefert. Es gibt über die Anfänge der ältesten, bis zum heutigen Tag ununterbrochen existierenden Dresdner Musikinstitution keine Akten und Dokumente, aber einige Hypothesen.
Die Kreuzschule ist urkundlich erstmals am 6. April 1300 erwähnt. In diesem Zusammenhang wird ein „Cunradus rector puerorum" (Conrad als Schulmeister der Knaben) genannt.
Eine Rechnung des Brückenamtes, der gemeinsamen Verwaltungsstelle von Kreuzkirch- und Elbbrückenvermögen, aus dem Jahre 1370 bezeugt, daß außer dem „magister scholae" bereits ein „orgilmeister" vorhanden war. Somit verfügte die Dresdner Kreuzkirche über die älteste nachweisbare Orgel in Sachsen.[2] Der Schulmeister und der Organist bezogen anläßlich des Festes Johannis des Täufers bestimmte Akzidenzien (Nebeneinnahmen). 1388 ist erneut von einem Organisten die Rede, und 1389 läßt sich im Kirchenraum eine größere und eine kleinere Orgel nachweisen.[3]
Die Jahrzehnte seit 1380 sind für die weitere Entwicklung der Kreuzkirche und damit auch für den Sängerchor sehr ereignisreich. Die Zahl gestifteter Altäre nahm zu.[4] Von besonderer Bedeutung war offensichtlich die 1381 erfolgte Stiftung eines Fronleichnamaltars. Im Zusammenhang damit stand eine 1382 gegründete Bruderschaft. Der Corpus-Christi-Verehrung galt eine Stiftung von 1380, wonach sechs Schüler samt ihrem Schulmeister von Sonnenuntergang bis Mitternacht verpflichtet waren, den Priester mit Gesängen zu begleiten, wenn dieser Kranken das Abendmahl bringe.[5] Sie erhielten dafür „Geld, Leinwand, Chorröcke, Laternen und Kerzen". Diese Nachrichten legen den Schluß nahe, daß es um 1380 bereits ein Alumnat gegeben haben muß. 1388 gehörten zu dem Kreis der Lehrer und Geistlichen an der Kreuzschule der Rektor und 18 „socii" (= Gesellen, Schulgehilfen, evtl. auch ältere Schüler).
Der Dienst der Chorknaben erweiterte sich, als infolge einer Stiftung des Ratsherrn Lorenz Busmann vom Jahre 1398 die

Chorknaben im Mittelalter bei Gesangsprüfungen

Knaben „alle Tage bei Sonnenuntergang das ‚Salve regina' . . ., darczu die antiphona von dem heiligin crucze ‚O crux' " singen mußten. Der Schulmeister und die Knaben erhielten hierfür „4 Schock Groschen, 1 Schock Eier und 4 Hühner". Für die täglichen Besucher dieses Gesangs wurde 1399 ein päpstlicher Ablaß erteilt.[6]

In der 2. Hälfte des 14. Jahrhunderts fiel eine für die weitere Entwicklung der Kreuzkirche und damit des Kreuzchors folgenreiche Entscheidung: Der Rat der Stadt erhielt das Kollatur-Recht. Im Einvernehmen mit dem Bischof von Meißen konnte nun der Rat der Stadt den Rektor der Kreuzschule einsetzen. Dieser wiederum hatte die Befugnis, Lehrer und Gesellen zu berufen und zu entlassen.

Franz von Dippoldiswalde, Schulmeister von 1394 bis 1401, war wahrscheinlich der letzte Rektor, der zugleich ein geistliches Amt bekleidete. Der Kreuzkirche stiftete er 1414 den sogenannten Donatus-Altar[7], und 1418 wurde eine ewige Kreuzesmesse eingeführt, die wiederum Franz von Dippoldiswalde gestiftet hatte. 1425 ließ Landgraf Friedrich in der Kreuzkirche eine Sakristei errichten, „dor obir man phlegit zcu singen der heiligen crucis messe . . ."[8] Im Verlauf des 15. Jahrhunderts stieg die Zahl gestifteter Altäre in der Kreuzkirche kontinuierlich auf insgesamt 49.[9] Von den wöchentlich anfallenden 136 Messen (zuzüglich 26 in der Frauenkirche) mußte ein erheblicher Teil auch musikalisch betreut werden. Hinzu kam die Mitwirkung der Chorknaben bei Nebengottesdiensten, Begräbnissen, Hochzeiten, Prozessionen, geistlichen Spielen und sonstigen Feierlichkeiten.

Eine Abwechslung und ein besonderes Ereignis im Leben der Chorknaben bildete alljährlich das Johannisfest (24. Juni), zugleich Hauptablaßtag der Kreuzkirche. In einem Bericht aus dem Jahre 1480 erfahren wir Näheres über den Ablauf des Dresdner Johannisfestes. An der großen Prozession, die durch die ganze Stadt ging, nahmen Gläubige von nah und fern teil. Während des Umzugs wurden Figurengruppen aus der biblischen Geschichte und der Heiligenlegende mitgeführt. Die Kreuzschüler hatten hierbei chorische Aufgaben zu erfüllen. Sie wirkten auch als Darsteller mit, z. B. bei der Anbetung des Goldenen Kalbes. Einem größeren Schüler wurde hierbei ein Kalbfell mit Kopf überzogen, in dem ein Fäßchen Bier steckte, das die älteren Kreuzschüler im Anschluß an die Prozession austrinken durften.

VORREFORMATORISCHE UNRUHEN

Kennzeichnend für das 14. und 15. Jahrhundert waren religiöse Unruhen. Außerhalb Deutschlands standen Männer auf, die sich gegen Irrtümer und Mißstände in der katholischen Kirche wandten. Als einer der wichtigsten ist zu nennen der Engländer John Wiclif (um 1330–1384), Doktor der Theologie und Vorsteher des Balliol College in Oxford, zugleich diplomatischer Unterhändler des englischen Königs in kirchlicher Mission. Er traf 1374 in Brügge mit dem päpstlichen Nuntius zusammen, um Unstimmigkeiten hinsichtlich der Besetzung kirchlicher Ämter in England zu klären. Wiclif wandte sich gegen den wachsenden politischen Einfluß des Klerus, trat gegen das päpstliche „Antichristentum" auf und mißbilligte den Bilder-, Heiligen- und Reliquiendienst sowie das Zölibat. Zudem verwarf er die Transsubstantiationslehre (= römisch-katholische Lehre vom Abendmahl) und die Ohrenbeichte. Von Wiclif ausgebildete und eingesetzte Wanderprediger verbreiteten seine Grundsätze im englischen Volk. Er fiel bei dem Heiligen Stuhl in Ungnade, genoß aber wegen seiner prinzipienfesten Gesinnung und seines sozial-theologischen Engagements in England großes Ansehen. Wiclifs Gedanken beeinflußten nachhaltig den böhmischen Reformator, Theologieprofessor und Rektor der Prager Universität Jan Hus (1370–1415). Hus begründete in seinen Vorlesungen und Predigten die Notwendigkeit einer Reform der Kirche und wandte sich vor allem gegen den Ablaß. Zudem propagierte er Wiclifs Grundsätze. Das brachte ihm den Vorwurf der Ketzerei und den Kirchenbann ein. Während des Konstanzer Konzils starb er den Märtyrertod auf dem Scheiterhaufen.

Seine Hinrichtung entfachte in Böhmen einen Sturm der Entrüstung. 1419 kam es in Prag zu Tumulten und öffentlichen Sympathiekundgebungen für ihn, in deren Gefolge die hussitische Bewegung den Charakter einer revolutionären und patriotischen tschechischen Volksbewegung annahm. In Deutschland hatten die Hussiten zahlreiche Anhänger, und ihre reformatorischen Lehren fanden nicht zuletzt an der Dresdner Kreuzschule Anklang und Verbreitung.

In diesem Zusammenhang ist Peter von Dresden zu nennen, Geistlicher und Universitätslehrer in Prag. Er verließ 1409 nach dem dortigen Universitätsstreit mit den übrigen deutschen Magistern und Studenten die Alma mater, ging nach Dresden und übernahm hier bis 1411 die Leitung der Kreuzschule[10] sowie die Stelle eines Stadtschreibers. Wegen seiner „ketzerischen" Ansichten und des Versuchs, aus dieser Lehranstalt eine Art Hochschule zu machen, befahl der Bischof von Meißen, Peter und seine Anhänger „auszuschließen und aus dem Bistum zu vertreiben". Vermutlich zwischen 1421 und 1425 starb Peter in Regensburg den Märtyrertod.[11] Zu gleicher Zeit mit Peter lehrte an der Kreuzschule Nikolaus von Dresden, ein Prediger der Armen und Anhänger der Hussiten. Auch er endete auf dem Scheiterhaufen.

Ihr gemeinsamer Schüler Johann von Drändorf (geb. 1391), der erste namentlich nachweisbare Kreuzschüler, gehörte später den Taboriten an. Auch er wurde in Heidelberg der Ketzerei angeklagt und mußte am 17. Februar 1425 auf dem Scheiterhaufen sein Leben lassen. Aus dem Verhör Drändorfs erfahren wir, daß er in Dresden „unter Magister Friedrich, dem Consocius des Petrus, fundamentaliter studuit" (= gründlich studiert habe).

Daß die hussitischen Ideen solcher Männer die Kreuzschüler beeinflußten, liegt auf der Hand. Vermutlich ist in diesem Umstand einer der Gründe für den in vorreformatorischer Zeit auffallend häufigen Wechsel der Schulmeister an der Kreuzschule zu erblicken, die sich durch ihren Weggang dem Verdacht zu entziehen suchten, Förderer der „Irrlehre" zu sein.

Während der unruhigen Zeit des 15. und 16. Jahrhunderts wurden auch die Chorschüler in die gesellschaftlichen Auseinandersetzungen, politischen und kirchlichen Kämpfe verwickelt, so daß der Bischof von Meißen mehrfach als Schlichter eingreifen mußte. – Der Schweizer Vagant Thomas Platter (geb. 1499), zeitweilig Kreuzschüler, nannte um 1510 diese Lehranstalt „nit vast eine gutte schul, ... in den habitantzen voll lüss, das wier sy znacht im strow under uns ghorten krässmen" (nicht gerade eine gute Schule, ... in den Wohnräumen voller Läuse, so daß wir sie zur Nacht im Stroh unter uns kratzen hörten). Er berichtete außerdem, der Schulmeister und die Vaganten hätten Knaben, darunter auch ihn, ausgeschickt, welche „solten umb ettlich gens lugen", worauf die Buben zwei Gänse mit-

Der Gänsediebbrunnen

brachten und sie anschließend mit dem Schulmeister verzehrten. Der Gänsediebbrunnen, heute in der Weißen Gasse aufgestellt, gibt noch immer Zeugnis von dem damaligen Geschehen.
Von Disziplinverstößen und Ausschreitungen der Kreuzschüler im 16. Jahrhundert reden viele zeitgenössische Berichte. So tobte z. B. 1535 drei Wochen lang eine Fehde zwischen den Kreuzschülern samt Bakkalaurei und den Schneidergesellen. Als letztere die Schule stürmen wollten, mußten Schule und Ratskeller von Stadtwächtern besetzt werden. Schließlich verbot der Rat zu Dresden den Gesellen für zwei Jahre den Aufenthalt in der Stadt. Es kam damals auch zu Revolten der Schüler gegen ihre Lehrer. Bei einer dieser Auseinandersetzungen um 1500 wurden der Schulofen und andere Gegenstände „zerrissen und zerbrochen". Der Rat griff ein, und einige Knaben mußten „von stund auf morgen ... wandern".

KONTAKTE DES HOFES ZU DEN CHORSCHÜLERN UND DEM „CANTOR" IM 15. UND 16. JAHRHUNDERT

Der „Cantor auf der Schule" erhielt 1470, 1471, 1475 und 1476 aus der fürstlichen Kasse Gelder, die als „Sold" bzw. „Besoldung" bezeichnet wurden.[12] Diese Angaben beziehen sich auf die Kreuzschule, denn sie war um diese Zeit die einzige Lateinschule in Dresden. Ob unter dem Terminus „Cantor" allerdings der später so genannte Kreuzkantor zu verstehen ist, scheint fraglich. Karl Held betont ausdrücklich, daß der Status des Kreuzkantors erst nach Einführung der Reformation in Dresden nachzuweisen ist. In allen früheren Dokumenten seien unter diesem Terminus einfach nur die Übersetzung für „Sänger, Chorschüler" oder ein älterer Schüler bzw. „ein die Kantorfunktionen verrichtender Baccalaureus" zu verstehen.[13]
Hermann Löscher vertritt wie Karl Held die Meinung, daß der Begriff „Cantor" erst im 16. Jahrhundert die moderne Bedeutung des Terminus „Kreuzkantor" erhält.[14]
Den o. a. Hofbelegen ist allerdings zu entnehmen, daß der „Cantor" zwischen 1470 und 1475 mit Chorschülern am Hof musikalisch gewirkt hat. Aus dem Jahre 1476 ist ein weiterer entsprechender Beleg erhalten. Dresdner Schüler, darunter sicherlich auch Kreuzschüler, traten an, um den von seiner Palästina-Wallfahrt zurückgekehrten Herzog Albrecht in Dresden musikalisch zu begrüßen. „... [sie] fuereten S. Gnaden froelich vnd mit allen Glocken vnd gesang hinein zu hause, da wir lange nach gehoffet hatten".[15]
1483 erhielten sechs „koerschuler" (Kreuzschüler) Gelder für regelmäßiges Singen am Hof.[16] Herzog Albrecht förderte nach dem Dresdner Stadtbrand von 1491 den Wiederaufbau der zerstörten Dresdner Kreuzkirche. Als am 20. November 1499 durch den Bischof von Meißen in Anwesenheit des Hofes die wiedererrichtete Kreuzkirche geweiht wurde, erhielten die 24 „gesellen", die sangen, 27 Groschen.[17]
Ob unter den „gesellen" ausschließlich Dresdner Kreuzschüler gemeint sind, scheint fraglich. Es handelt sich hierbei wahrscheinlich um die dem Rektor unterstellten Lehrer, also um „Locati", „Baccalaurei" und „Collaboratores",[18] Vielleicht haben diese „gesellen" gelegentlich mit Männerstimmen der Chorschüler musikalisch zusammengewirkt.

Christmette in der Kreuzkirche 1940

Die Kreuzkirche steht heute direkt am Altmarkt. Nach der Zerstörung 1945 erfolgte eine andere Bebauung.

Der Kirchenraum vermittelt einen schlichten, aber nicht weniger beeindruckenden Anblick. Nach dem Wiederaufbau wurde auf den Schmuck verzichtet. Vieles war zerstört, unwiederbringlich, es galt aber auch, Zeit und Geld zu sparen. Ein Blick auf den Altar.

Der Altar wurde bis zur Predella abgebaut. Sein reicher Aufbau war zerstört. Die Predella zeigt den ersten evangelischen Gottesdienst 1539 in Dresden mit dem Abendmahl.

Die neue Orgel der Kreuzkirche wurde von der Dresdner Firma Orgelbau Jehmlich errichtet.

Bei der Mitwirkung an der Christmette

Der Kreuzchor singt auf dem Lettner des Freiberger Domes, einer beeindruckenden spätgotischen Hallenkirche. Zu den Schätzen des Domes gehört die große Silbermann-orgel.

Kreuzkantor Martin Flämig

Kantor Ulrich Schicha bei der Probenarbeit

Freiluftkonzert mit dem Kreuzchor in der Gartenanlage des Pillnitzer Schlosses

Schallplattenaufnahmen im Studio Lukaskirche

Schüler des Kreuzchores in Kurrendetracht während des liturgischen Dienstes

DER BEGINN DES EVANGELISCHEN KREUZKANTORATS IN DRESDEN

Nach Einführung der Reformation wandte sich der Dresdner Rat an Philipp Melanchthon in Wittenberg mit der Bitte um Vermittlung geeigneter Kräfte für die Leitung von Kreuzkirche, -schule und -chor. Melanchthon sandte hierauf, wie bereits erwähnt, 1539 den ersten evangelischen Superintendenten Dresdens, Magister Johannes Cellarius, in die sächsische Residenzstadt; 1540 empfahl er Magister Nicolaus Caesius für das Rektorat der Kreuzschule und Sebaldus Baumann, „einen geschickten Cantorem, zur Regierung der Pfarrkirche".

In den Akten ist allerdings erst seit 1542 von einem „cantor" die Rede.[26] Dessen Besoldung betrug 50 fl. jährlich. Er bekleidete im Lehrerkollegium die 3. Stelle. Naturgemäß gehörte die gesamte musikerzieherische Ausbildung der Kruzianer zu seinen Amtspflichten. Daneben unterrichtete er Latein. Montags und dienstags erfolgte die Unterweisung in Musiktheorie. Chorproben wurden täglich zwischen 13 und 14 Uhr abgehalten. Der Kantor sollte seine Schüler so „abzurichten wissen", daß sie ihre Stimmen zu „artig und lieblich Lautten formiren mögen". Er müsse auch die Lectiones durch drei Diskantisten mit „Unterscheiden in Comatis, Colis, interrogationibus und finalibus" (Berücksichtigung der verschiedenen Intonationen) singen und dann „von einem großen Schreiber zu deutsch dem Volke hell und verständlich" vorlesen lassen. Er habe ferner darauf zu achten, daß die Schüler während des Gottesdienstes nicht „wäschen" [Gewäsch treiben] und „fantißieren [Dummheiten machen]". Bei Disziplinverstößen „sollen die Schüler nicht gleich mit dem Griffel auf die Köpfe geschlagen, sondern in der Schule mit Ruten gezüchtigt werden". Der Kantor wird angehalten, die „Versiculos" (Teile der Liturgie) nicht „über einen Haufen jagen und eilen" zu lassen. Er soll vorzugsweise „christlich deutsche Lieder aus dem Gesangbuch Dr. Luthers singen und figurieren". Laut Schulordnung von 1575 kommt „bei starken Communionen eine gute christliche Mutete, in den Vespern eine Mutete oder sonst ein Stück mit christlichem Text, sonst aber am vierten Sonntag die ganze Messe und Vesper figurieret" zur Aufführung.

In den Schulleges (= Schulordnung) ist zudem festgehalten, welche A-cappella-Literatur während der Unterrichtsstunden geprobt werden soll, immer unter dem Aspekt, „nicht mit einem schlechten Getöne, wenn darzu keine Proportio Vocum [= ausgeglichener Chorklang] unter den Knaben gehalten wird, sondern mit einer rechten Harmonia Musica" aufzuwarten. Aufgabe des Rektors und seiner Kollegen ist es, darauf zu achten, „daß die Schüler sich züchtig gebärden, in den Prozessionen nicht aus- und eingehen, davonlaufen oder sich hinter den Kirchenpfeilern oder in heimliche Winkel verkriechen". Hinsichtlich der Kleidung bestand die Vorschrift, „auf den Gassen ein gewöhnliches Barett und einen geziemend langen Mantel zu tragen, die Arme aber durch die dazu vorhandenen Löcher herauszustrecken". An Wams und Hose soll „nichts zerschnitten noch unförmlich" gemacht werden, auch war es den Schülern untersagt, „Dolch" und „Plotze" (Messer) zu tragen.

Von 1559 an mußte der Kreuzchor die sonntäglichen Kirchenmusiken bei den Gottesdiensten der Frauenkirche mit übernehmen und abwechselnd in den zwei Kirchen Figuralmusik bieten. 1610 kamen dann noch der Montagsgottesdienst und in der Sophienkirche ein Sonntagsgottesdienst um $1/2$ 12 Uhr hinzu. Die Vespern und Metten in lateinischer Sprache blieben zunächst weiter bestehen. In ihnen wurde erst ab 1671 in deutscher Sprache gesungen. Trauungen, Kindtaufen, Beerdigungen, Hochzeiten und sonstige Festlichkeiten nahmen infolge des Wachstums der Stadt stark zu, so daß das Tagesprogramm der Kreuzschüler durch die vielen zusätzlichen musikalischen Verpflichtungen gänzlich ausgefüllt war.

Ein 1575 von dem Rektor Magister Friedrich Zorler eingeführter Stundenplan gewährt uns einen Einblick in die schulischen Verpflichtungen des Kreuzkantors. Demnach hatte er täglich etwa vier Unterrichtsstunden zu erteilen, und zwar in den Fächern Religion, Latein und Musik.

Seit der Zeit der Reformation standen immer hervorragende Musiker an der Spitze des Dresdner Kreuzchores. Die Kreuzkantoren waren zugleich Collegae tertii bzw. quarti der Kreuzschule. Sie wurden in der Regel aus einem großen Kreis von Bewerbern durch ein Fachgremium ausgewählt und muß-

Die alte Frauenkirche, ein Stich von Gabriel Tzschimmer aus der „Durchlauchtigsten Zusammenkunft . . . des 1678. Jahres in Dresden“

ten seit 1625 vor ihrer Berufung eine Amtsprobe ablegen. Bei der Anstellung der Kreuzkantoren achtete der Dresdner Rat nicht allein auf deren musikalische und musikpädagogische Fähigkeiten, sondern auch auf eine bestimmte wissenschaftliche Qualifikation. Bis in das 19. Jahrhundert waren die Kreuzkantoren ausnahmslos vielseitig gebildete Persönlichkeiten, die an den Universitäten Wittenberg oder Leipzig das Theologiestudium absolviert hatten und den Magistergrad nachweisen konnten.

Die lange Liste der evangelischen Kreuzkantoren wird angeführt von SEBALDUS BAUMANN (Amtszeit: 1540–1553). Er wurde um 1515 in Nürnberg geboren und hatte an der Universität Wittenberg Theologie studiert. Auf Baumanns Amtsführung als Kreuzkantor werfen Dresdner Ratsakten ein recht getrübtes Licht. Baumann scheint einen labilen Charakter besessen zu haben. Man warf ihm Vernachlässigung der Dienstpflichten vor, und 1553 wurde ihm die Kündigung ausgesprochen. Da Baumann über eine gute Tenorstimme verfügte, verpflichtete ihn Johann Walter als Sänger in die Dresdner Kurfürstliche „Cantorey“ (= Hofkapelle).

Baumanns Nachfolger als Kreuzkantor und Schulkollege wurde JOHANNES SELNER (1553–1560). Auch ihn hatte Melanchthon dem Rat zu Dresden als „geschickten Cantorem zu Regierung der Pfarrkirche“[27] empfohlen.

Da Selner mit dem Kreuzchor nur altbekannte oder eigene Kompositionen aufführte, traten auch Spannungen mit dem Rat auf, der an einem gehaltvollen Figuralgesang ausdrücklich interessiert war. Positiv wirkte sich bei seinen Kirchenmusiken die Heranziehung musikalischer Bürger (Stabilisten) aus, die zur Verstärkung des Chores mitwirkten, insbesondere an Fest- und Feiertagen.

In einem Schreiben an den Rat bat der Kantor um etwas Bier, „damit diejenigen, so unsere Musicam Zieren helffen, desto williger bleiben“. Dieses „Kantaten- oder Stabilistenbier“ wird bis ins 18. Jahrhundert hinein erwähnt.

1560 bewarb sich Selner um die vakante

Pfarrstelle in Dresden-Leubnitz. Er wurde gewählt. Damit ging sein Herzenswunsch in Erfüllung. Er bekleidete dieses Amt bis zu seinem Tode Ende November 1583.
In alten Notenverzeichnissen der Kreuzschule sind 5 Bände lateinischer Motetten von ihm aus dem Jahre 1557 aufgeführt (sie sind heute nicht mehr vorhanden).
1560 berief der Rat der Stadt Dresden Magister ANDREAS LANDO (1560 bis 1561) zum Kantor und Lehrer an die Kreuzkirche und -schule. Von ihm wissen wir nur, daß er in Wittenberg Theologie studiert hatte und ab 1547 dreizehn Jahre lang als Kantor an der Nikolaikirche zu Leipzig wirkte. Über seine kurze Tätigkeit in Dresden geben die Akten keine Auskunft.
ANDREAS PETERMANN (1561–1585?), ein um 1531 geborener Dresdner und ehemaliger Kreuzschüler, wurde Nachfolger Landos. Auch er hatte in Wittenberg studiert, worauf die Berufung zum Kantor in Altendresden erfolgte. Dieses Amt versah er nur kurze Zeit, da über seinen dienstlichen „vnvleiß" bald Klagen laut wurden, die zu Petermanns Versetzung als Baccalaureus an die Kreuzschule führten. Hier mußte er die Leitung des Gesanges bei den neueingerichteten Gottesdiensten in der Frauenkirche mit übernehmen. Sein Gehalt erhöhte sich dadurch nicht. Als Äquivalent erbat sich Petermann vom Rat der Stadt die Akzidenzien von den „kleinen Schulleichen" (= Einnahmen durch die chorische Mitwirkung bei Beerdigungen). Das Gesuch wurde abgelehnt.
Nach einem wiederholten Gesuch erreichte Kantor Petermann, daß gemäß den Schulordnungen von 1555, 1566 und 1575 bezüglich Nebeneinnahmen der Kantoren eine amtliche Regelung und finanzielle Besserstellung erfolgten. Aber die Klagen über ihn hörten nicht auf, so zum Beispiel, „das der Cantor vnntügliche Knaben mitt sich in die Hochzeiten nehme, die nichts singen köndten" und bei Beerdigungen „die Schüler nicht an ihre Häuser kämen, wie sonst üblich, um die Leichen abzuholen", sondern daß sie „ahn den Ecken der gaßen warteten . . .", bis die Leichen herangebracht würden.
Mit einem letzten Schreiben vom Jahre 1584 beklagte sich Petermann über die Zunahme seines Dienstes. So müsse er täglich sechs Stunden Schulunterricht erteilen. Außerdem habe der Superintendent angeordnet, die lateinischen Metten und Vespern wieder täglich durchzuführen. Hierbei sollten Kantor und Baccalaureus abwechselnd singen. Aber letzterer ließ ihn im Stich, so daß dadurch zusätzliche Schwierigkeiten entstanden.
Wahrscheinlich 1585 nahm Petermann von Kirche und Schule seinen Abschied und trat bald darauf als „Praeceptor [Lehrer] der Kapellknaben" in die Kurfürstliche Kapelle ein. Hier bezog er seit 1606 ein Gehalt von 112 fl. 9 Gr. 4 Pf. und genoß freie Wohnung, Kost, Kleidung sowie Nebeneinnahmen.
1611 wurde er mit einem Ruhegehalt von 100 fl. pensioniert; er starb aber noch in demselben Jahr.
Hervorzuheben ist, daß während seiner Amtszeit ein starker Andrang zum Alumnat bestand, so daß man aus Kapazitätsgründen nur noch die besten Sänger aufnehmen konnte. Die in dieser Epoche zur Blüte gelangende Figuralmusik erfreute sich unter dem Kantorat Petermanns einer besonderen Pflege, während der einstimmige liturgische Gesang wenig Berücksichtigung fand.
Unter dem Kreuzkantor BASILIUS KÖHLER (1586–1589) muß der Chor ein beachtliches künstlerisches Leistungsvermögen besessen haben, zählten doch Werke von Ludwig Senfl, Josquin Desprez, Pierre de la Rue, Heinrich Isaac, Giovanni Palestrina und Orlando di Lasso zum Chorrepertoire.
Im 17. Jahrhundert waren einige Kreuzkantoren herausragende Musiker. Sie standen zudem mit Heinrich Schütz, dem Dresdner Oberhofkapellmeister, in engem Kontakt.
BARTHOLOMÄUS PETERMANN (1589 bis 1606), über dessen Amtsführung nur wenige Dokumente vorliegen, komponierte eine „Passion Secundum Lucam" (1598) und möglicherweise eine „Passion Secundum Johannem".[28] Sein Nachfolger im Kreuzkantorat wurde der gebürtige Dresdner CHRISTOPH LISBERGER (1606–1612).
Er war vermutlich kurze Zeit kurfürstlicher Kapellknabe, besuchte die Landesschule Pforta und erhielt seine musikalische Ausbildung bei dem späteren Leipziger Thomaskantor Sethus Calvisius. Wegen häufiger Differenzen mit dem Dresdner Rat gab Lisberger 1612 seine Kantorenstelle auf. Von seinen Kompositionen vermerken Kreuzschulinventare lediglich „1 Concert".[29]
Sein Nachfolger im Kreuzkantorat wurde M. SAMUEL RÜHLING (1612–1615). Er hatte die Fürstenschule Grimma besucht und an der Leipziger Universität vor allem Theologie studiert. Er trug den Titel eines Poeta laureatus. Rühling galt als einer der gelehrtesten Kantoren des 17. Jahrhunderts. Seit 1609 versah er den kirchenmusikalischen Dienst an der Leipziger Universitätskirche St. Pauli. 1612 wurde er als Kreuzkantor nach Dresden berufen, trat aber 1615 auf

Daniel Bretschneider, d. Ä., malte diese Gruppe von spielenden und singenden Alumnen. (Blatt 117 aus dem „Abriß und Verzeichnis aller Inventionen und Aufzüge, welche an Fastnachten Anno 1609 ...")

eigenen Wunsch das Amt des Diaconus an der Dresdner Kreuzkirche an und wurde 1620 zum Archidiakon befördert. Mit einem Lobgedicht war er 1619 unter den Widmungsträgern von Heinrich Schütz' „Psalmen Davids" vertreten. Ein Epigramm aus seiner Feder findet sich auch in den „Cantiones sacrae" des Sagittarius.

Rühling hatte enge Beziehungen zur Familie von Heinrich Schütz, als deren Gemeindepfarrer er an der Kreuzkirche wirkte. Er war auch der Beichtvater von Magdalena Schütz und betreute sie seelsorgerisch in ihren letzten Lebenstagen.

Samuel Rühling komponierte eine Reihe von Motetten, darunter das doppelchörige Werk „Machet die Thore weit", das allerdings in mehreren Handschriften als Verfasser den Namen von H. Schütz trägt.[30] Gegen eine Autorschaft des Sagittarius spricht in diesem Falle die gänzlich „unschützsche" Deklamation. Nicht typisch für Schütz ist des weiteren die fast ausschließlich durchgehaltene Homophonie. Für die Verfasserschaft von Schütz spräche die Bezeichnung „Intermedium", allerdings hier in einem sehr ungewöhnlichen Sinne. Vielleicht hat sich Rühling während seiner Tätigkeit als Diakon noch einmal der kompositorischen Lehre von Schütz unterzogen. Dann wäre diese Motette Rühlings unter den Augen des Sagittarius entstanden. Eine Autorschaft von Schütz halten wir indessen für kaum wahrscheinlich.

Rühling verfaßte 1615 das erste ausführliche „Inventarium Aller Bücher vndt gesänge, so der Cantor . . . auffm Chor in der Creuzkirchen gefunden".[31]

1615, in demselben Jahr, als Heinrich Schütz sein Dresdner Amt antrat, wurde auf Samuel Rühlings Vorschlag M. CHRISTOPH NEANDER (1615–1625) ohne die sonst übliche Probe zum Dresdner Kreuzkantor berufen. Neander hatte durch Sethus Calvisius an der Leipziger Thomasschule eine gediegene musikalische Ausbildung erfahren. An der Leipziger Universität studierte er dann vor allem Theologie und erhielt als Alumnus Electoralis ein kurfürstliches Stipendium. Bereits während der Leipziger Studienzeit leitete Neander die Kirchenmusik an der Paulinerkirche und betätigte sich auch als Gesangssolist. Nach Abschluß der Universitätsstudien trat er in Dresden das Kreuzkantorat an. Mit Christoph Neanders Wirken in der Elbestadt begann parallel zu Schütz' erstem Dresdner Dezennium eine Blütezeit des Kreuzchors. Aus einem Schreiben Neanders an den Rat zu Dresden geht hervor, daß er „mit etlich 30 Knaben" 12- bis 16stimmige mehrchörige Motetten und Gesänge aufführte und die Orgel und andere Instrumente zur Begleitung heranzog.[32]

Wenn Neander derart anspruchsvolle Werke mit den Kruzianern aufführen konnte, wirft das ein günstiges Licht auf das damalige Leistungsvermögen der Sängerknaben und auf die vorzügliche Chorarbeit dieses Kantors. Als Komponist scheint Neander nicht

Heinrich Schütz (1585 bis 1672), er selbst nannte sich auch Henricus Sagittarius. Die Kreuzkirche ist das Zentrum der Pflege Schützscher Musik in Dresden. Werke des Sagittarius haben einen festen Platz im Repertoire des Kreuzchores.

hervorgetreten zu sein. Er ließ während seiner Amtszeit zahlreiche Musikalien für die Kruzianer anschaffen.
Als Neander 1625 im Alter von 35 Jahren verstarb, wurde MICHAEL LOHR (1625 bis 1654) sein Nachfolger als Kreuzkantor. Der gebürtige Erzgebirgler besuchte die Dresdner Kreuzschule, erhielt bei Kantor Samuel Rühling seine musikalische Grundausbildung, studierte an der Leipziger Universität, war in Frankenberg (Sachsen) und Rochlitz Kantor und genoß auch als Sänger einen guten Ruf. Lohr wurde als Kantor und Collega IV an die Dresdner Kreuzschule berufen. Wie sein Amtsvorgänger war auch er ein gewissenhafter Kantor und Erzieher der Knaben, der vor allem danach trachtete, daß die Musik „christliche Andacht bey den anwesenden erwecket vnd einer vnd der ander geistreicher Gesang fein zierlich vnd verständig möchte gesungen werden".[33] Lohrs kirchenmusikalische Kompositionen fanden in Dresden solchen Anklang, daß der Kreuzkantor sie „auff gutachten vornehmer leute" 1629 in Druck gab. Ihr Titel lautet: „Newe Teutzsche Kirchen Gesänge / so nicht allein zusingen / sondern auch auff allerhand Instrumenten jederzeit füglichen zugebrauchen / Sampt einem Basso Continuo / Mit 7 vnd 8 Stimmen ..." Diese Sammlung enthält eine siebenstimmige und 14 achtstimmige Motetten. Lohr erhielt nach Erscheinen des Druckes zahlreiche Anerkennungsschreiben und Lobgedichte von hochgestellten Persönlichkeiten. Die Epigramme sind in den 1637 gedruckten Stimmbüchern des zweiten Teils der „Kirchen Gesänge" mit veröffentlicht worden. Dieser Teil enthält 3 fünfstimmige, 6 sechsstimmige und 15 achtstimmige Motetten. Der überwiegende Teil der Motetten Lohrs ist doppelchörig, oft in hohe und tiefe Klanggruppen geteilt. Die mitwirkenden Instrumente haben nur gelegentlich selbständigen Duktus.
Bei Lohrs Kompositionen ist der Einfluß von Heinrich Schütz nicht zu verkennen. Lohr hat, mehr als seine Vorgänger, Instrumente in der Kirchenmusik verwendet. Aus diesem Grunde ließ er den Vorrat an Instrumenten während seiner Amtszeit vergrößern. Das Inventarium, das unter seiner Amtsführung angefertigt wurde, vermerkt:

„6. 1 Bass Violon auff dem Alten Chor vndt 1 Violon ...
7. 2 Zincken vndt 1 Flötigen ...
11. Ein Regal, so vor dießer Zeitt Zur Kirchen auffs Chor ist erkaufft vndt bißanhero dabey vorblieben vndt gebraucht worden ist.
12. 1 Positieff, so auff den Alten Chor Vnzugerichtet stehet ...
13. 1 Positieff, so in die Kirchen Zu S. Sophien gehöhret, stehet darneben, vndt auch nicht Zugerichtet ist".[34]

Zur Einweihung der neuen Kreuzkirchenorgel von Tobias Weller im Jahre 1644 vertonte Lohr den 150. Psalm. Er widmete diese Komposition dem Dresdner Rat.
Unter der besonderen Berücksichtigung der schwierigen Verhältnisse während des Kantorats von Lohr (Dreißigjähriger Krieg, Komplikationen mit dem Kreuzschulrektor Johannes Bohemus, der dem Chordienst nur wenig Verständnis entgegenbrachte und ohne Absprache mit dem Kantor Alumnatsstellen besetzte) müssen dessen musikalische, musikerzieherische und kompositorische Leistungen hoch eingeschätzt werden. Lohr war offensichtlich auf gute Beziehungen zu Heinrich Schütz und der kurfürstlichen Kapelle bedacht. Davon künden Neuerwerbungen von Musikalien. An Werken des Sagittarius finden sich in dem entsprechenden Inventarium der Kreuzkirche: „... Musicalischer Concerten andern theil ... vbergeben eodem die Ao. 1648 ...", „... Dritter theil Symphoniarum Sacrarum", „Cantiones Sacrae" und „H. Schützens Aufferstehung in fol. 8 Stimmen, ao. 1623 dem rathe dedicirt".[35]
Neben Werken von Schütz wurden zur Amtszeit von Lohr Kompositionen von Hammerschmidt, Schein, Scheidt, Rosenmüller, Lisberger und anonymen Autoren erworben. Kam es in der Kreuzkirche zum gemischt vokal/instrumentalen Musizieren, so waren die Dresdner Stadtpfeifer auf Grund der Stadtpfeiferordnung von 1601 zur Mitwirkung bei der Kirchenmusik verpflichtet. Um 1620 bestand die Dresdner Stadtpfeiferei aus fünf Personen. Zu ihrem Repertoire gehörten Instrumentalmusik, Choräle, Figuralmusik und Madrigalliteratur, die die Stadtpfeifer für ihre Instrumente einrichteten. Nach einem Verzeichnis von 1606 verwendeten die Dresdner Stadtpfeifer Krummhörner, Flöten, Querpfeifen, Dulcian, Zinken und Posaunen.[36]
Am 22. Oktober 1651, noch während der Amtszeit Lohrs, wurde eine Neuregelung der Kirchenmusiken für die Stadtkirchen Dresdens vorgenommen. Danach hatte der Kreuzkantor mit den Kruzianern an jedem 1. und 3. Sonntag des Monats in der Kreuzkirche und am 4. Sonntag in der Frauenkirche Kirchenmusiken aufzuführen. In der Sophienkirche sollten Figuralmusiken nur an hohen Festtagen erklingen.
Das neue Regulativ blieb bis 1896 in Kraft.

1

BASSUS CONTINUUS
PRO ORGANO.
Newe
Teutzsche Kirchen Gesänge/
Mit 7. vnd 8. Stimmen/
Gesetzet durch
MICHAELEM LOHR Mariæmont.
jetzigen Cantorem in Dreßden.
In verlegung des Autoris, vnd daselbst auff
der Schulen zubefinden.

Gedruckt zu Freybergk/ bey Georg Hoffman/
Im Jahr/ 1629.

Druck der „Newen Teutzschen Kirchen Gesänge" des Kreuzkantors Michael Lohr aus dem Jahre 1629

Die alte Sophienkirche
Die „Neuregelung der Kirchenmusiken für Dresdens Stadtkirchen" verpflichtet den Kreuzchor Mitte des 17. Jahrhunderts, an hohen Festtagen auch in der Sophienkirche zu singen.

Ab dem 1. Januar 1897 erhielt die Frauenkirche einen eigenen Kantor und Chor. Für die Sophienkirche wurde eine andere Regelung getroffen.
Die Kreuzkantoren waren ab 1651 für die Organisation und Durchführung der Kirchenmusik in den drei Dresdner Hauptkirchen (Kreuz-, Frauen- und Sophienkirche) verantwortlich.
In der FRAUENKIRCHE, der ältesten Kirche Dresdens, wurde die vokale Kirchenmusik seit 1559 von dem Singechor der Kreuzschule mit übernommen. Über eigene Organisten verfügte die Frauenkirche seit 1601.[37] 1616 erhielt die Frauenkirche eine neue Orgel, die 1653 durch Tobias Weller erneuert wurde.
Dresdens drittälteste Kirche war die SOPHIENKIRCHE. In dem ehemaligen Franziskanerkloster, seit Einführung der Reformation kirchlich nicht genutzt, fanden erst seit 1599 evangelische Gottesdienste statt. Den Organistendienst versahen seit 1601 die Frauenkirch-Organisten. 1624 wurde ein Orgelneubau begonnen und 1640 durch Tobias Weller vollendet.[38]
Der 30jährige Krieg mit seinen verheerenden Folgen, Not, Teuerungen, Seuchen und Glaubensstreitigkeiten wirkte sich auch auf den Dresdner Kreuzchor äußerst nachteilig aus. Nicht selten schien die Existenz des Chors bedroht. Auch versuchten einige Rektoren und Lehrer, die chorische und musikerzieherische Ausbildung an der Kreuzschule zu reduzieren und in Richtung der wissenschaftlichen Disziplinen zu verschieben. Dadurch sahen sich die Kantoren zusätzlichen Schwierigkeiten gegenübergestellt. Daß aber allen Widerständen zum Trotz das künstlerische Leistungsniveau des Kreuzchors im wesentlichen gehalten werden konnte, zeugt von dem Können, der Einsatzbereitschaft und der Verantwortung tüchtiger Kantoren während des 17. und 18. Jahrhunderts. Zu ihnen gehörte JACOB BEUTEL (1654 bis 1694), der beim Rat zu Dresden 1655 für

Knabensolisten die Einrichtung zweier Ratsdiskantistenstellen durchsetzte und sich seinerseits bereit erklären mußte, auf Kosten des Rats die hierfür in Frage kommenden „tüchtigen Subiecta hiesiges Orts . . . mit Tisch, Kleidung, Bett und Information zu recipiren".[39] In einer Verordnung des Rates und des Superintendenten vom 22. Juni 1644 wurde die Einrichtung der Ratsdiskantistenstellen sanktioniert und blieb bis in unsere Zeit bestehen. Die Ratsdiskantistenstellen werden heute „Ratser" genannt und mit Mutanten besetzt. Die „Ratser" sind u. a. für die Transporte, Ausgabe und Ordnung der Chornoten verantwortlich.

In einigen anderen Eingaben an den Rat der Stadt lernen wir Kantor Beutel als einen Mann der musikalischen Praxis kennen, von dem gute Vorschläge zur Verbesserung der figuralen Kirchenmusik ausgingen. Die Chorempore in der Kreuzkirche lag damals so ungünstig hinter der Kanzel über der Sakristei, daß die dargebotenen Gesänge nicht zur vollen Wirkung kommen konnten. Kantor Beutel wünschte deshalb 1671 „für bequemere Disposition der Musik" den Bau einer neuen Chorempore, die sich auf der Südseite der Kirche befinden sollte. Dieser Wunsch wurde ihm erfüllt, so daß nun der Chor die Kanzel sowie das ganze Längsschiff vor sich hatte und der Gesang voll in den Kirchenraum strömen konnte.[40]

Des weiteren beantragte der Kantor die Bereitstellung eines Orgelpositivs zum „Musicalischen privat-Exercitio auff die Schule", das u. a. beim Einstudieren von Liedern, Motetten etc. dienen sollte.[41]

Hervorgehoben werden muß noch eine weitere Eingabe, in der von „Adjuvanten der Vocal-Music" die Rede ist, also musikalischen Bürgern der Stadt, die bei Kirchenmusiken im Kreuzchor aushelfen sollten. Daraus entwickelte sich später eine ständige Einrichtung. Die Adjuvanten wurden einmal im Jahr durch eine „Ergötzlichkeit" abgefunden, wofür der Rat zu Dresden die Mittel bereitstellte.[42]

Die vierzigjährige Tätigkeit dieses verdienstvollen Kreuzkantors ist durch treue Pflichterfüllung, aufführungspraktische Verbesserungen sowie durch sein organisatorisches und pädagogisches Geschick gekennzeichnet und für die Weiterentwicklung des Kreuzchores von Bedeutung gewesen. Beutel starb am 15. Mai 1694. Unter seinen zahlreichen Schülern ragt der spätere Thomaskantor Johann Kuhnau besonders hervor.

Hauptaltar der Sophienkirche, 1606 von Giovanni Maria Nosseni erbaut

DIE SCHULISCHEN UND KIRCHENMUSIKALISCHEN VERPFLICHTUNGEN DER KREUZKANTOREN

Von den dienstlichen Verpflichtungen der Kreuzkantoren und Kreuzchorsänger war im Verlaufe unserer Darlegungen schon des öfteren die Rede. Eine detaillierte Aufschlüsselung ihres täglichen Arbeitspensums dürfte nunmehr angebracht sein, um den ganzen Umfang der Tätigkeit richtig einschätzen zu können.

Der Lektionsplan der Kreuzschule vom Jahre 1575 sah für den Kantor täglich ca. vier Unterrichtsstunden, der Plan von 1584 bereits sechs Stunden vor. Von $6^{1}/_{2}$ bis 12 Uhr vormittags wurden die wissenschaftlichen Fächer gelehrt, nachmittags von 1 bis $2^{1}/_{2}$ Uhr bzw. an zwei Tagen bis $3^{1}/_{2}$ Uhr Gebete und musikalische Fächer. Zur musikerzieherischen Arbeit des Kreuzkantors gehörten die Vorbereitung auf den liturgischen Kirchendienst, praktische gesangliche Übungen und theoretische Unterweisungen, außerdem Privatstunden im Instrumentalunterricht.

Ein Lektionsplan vom Jahre 1670 enthält die genauere Bezeichnung der Unterrichtsstunden in den einzelnen Klassen, wobei die Häufung des Latein- und Griechischunterrichts auffällt. In diesem Lehrplan waren auch Privatstunden des Kantors („horae privatae") mit eingebaut, die besonders vergütet wurden.

Mit den noch hinzukommenden kirchenmusikalischen Verpflichtungen war somit der Kreuzkantor dienstlich völlig ausgelastet.

In den Hauptgottesdiensten – den sogenannten Amtspredigten an Sonntagen, den Wochenpredigten Montag früh 8 Uhr in der Sophienkirche und Donnerstag um 7 Uhr in der Kreuzkirche – hatte er mit dem Kreuzchor Figuralmusik zu Gehör zu bringen.

Nach Einführung der Reformation wurde die bisherige übliche katholische Gottesdienstordnung nicht sofort radikal geändert. Luther verwarf aber aufs schärfste die zentrale Lehre der katholischen Kirche von der Transsubstantiation (= Verwandlung von Brot und Wein in Leib und Blut Christi) beim Abendmahl, auf die alle Zeremonien der Messe bezogen sind. Er verfaßte drei Schriften zur Ordnung des neuen Gottesdienstes.

Die erste, „Von ordenung gottis diensts ynn der gemeyne" (1523), stellt als Grundtypen des evangelischen Gottesdienstes die Messe, Mette und Vesper heraus.

Mit der zweiten Schrift, „Formula Missae et Communionis" (1523), worin er zwischen den Gottesdiensten für „Stifte und Dome" und solchen in Kleinstädten und Landgemeinden unterscheidet, verfolgte der Reformator u. a. den pädagogischen Zweck, die Chorknaben der Lateinschulen weiterhin im Gebrauch der lateinischen Sprache zu üben.

Die dritte Schrift „Deudsche Messe und ordnung Gottis diensts" (1526) schuf schließlich die Basis für den deutschen Messegottesdienst. An die Stelle der einzelnen lateinischen Messeteile traten deutschsprachige Kirchenlieder. So wurde zum Beispiel statt des Credos (Glaubensbekenntnis) der Choral „Wir glauben all an einen Gott" und an Stelle des Sanctus (Heilig) „Jesaja dem Propheten das geschah" gesungen. Bei Abfassung dieser wichtigen Ordnung zog der Reformator die beiden damaligen Mitglieder der Torgauer Hofkapelle Conrad Rupsch und Johann Walter zu Rate.

Nach der Reformation blieb auch noch eine Reihe einst katholischer Feiertage erhalten, z. B. „Mariä Reinigung", „Mariä Heimsuchung", „Johannes der Täufer", „Petri und Pauli", „Andreas", „Thomas", „Matthias" und „Michaelis". An diesen Festen hatten die Kruzianer Kirchenmusiken aufzuführen.

In Dresden bildete die Agende Herzog Heinrichs von 1539 die Grundordnung der evangelischen Gottesdienste. 1574 und 1580 stellte Pastor Daniel Greiser neue Gottesdienstordnungen auf, da Kurfürst August gewisse Abänderungen wünschte.

In den Haupt- und Nebengottesdiensten des 16. Jahrhunderts dominierte noch immer die lateinische Sprache. So begann zum Beispiel die Vesper mit einer lateinischen Antiphon (Wechselgesang zwischen zwei Halbchören). Darauf folgten ein Psalm und die Wiederholung der Antiphon. Anschließend sang ein Knabe das Evangelium, dem sich ein kurzes Responsorium (Wechselgesang zwischen Priester und Chor) anschloß. Nun folgten mehrere Hymnen (lateinisch oder deutsch), dann die Antiphon zur Einleitung des Magnificats. Dieser Lobgesang der Maria war der Hauptteil der Vesper. Der Chor wiederholte die Antiphon. Den Abschluß

bildete das Benedicamus (Lob- und Preisgesang).
Deutsche Kirchenlieder fanden in den Gottesdiensten erst allmählich Eingang. Zu ihrer Einübung wurden die Mittagsgottesdienste von 12 bis 13 Uhr genutzt, wobei die Orgel die Weise vorspielte, die Chorsänger diese wiederholten und dann gemeinsam mit der Gemeinde durchsangen. Das 1559 eingeführte Dresdner Gesangbuch enthielt in Nachauflagen um 1600 bereits 242 deutschsprachige Lieder. Erst 1671 wurden in Dresden die lateinischen Gesänge durch deutsche Kirchenlieder vollständig ersetzt. Die Sonn- und Feiertagsgottesdienste verliefen weiterhin nach dem Ordinarium (Ordnung) der Messe. In jedem Hauptgottesdienst wurden mindestens zwei, an Festtagen sogar drei Motetten gesungen. Da sich an den Sonn- und Feiertagen eine Häufung von Gottesdiensten ergab (5 Uhr Frühmette, 7 Uhr Hauptpredigt, 12 Uhr Mittagspredigt, 15 bzw. 16 Uhr Vesper), waren sowohl der Kreuzkantor als auch die Sängerknaben fast ohne Unterbrechung in der Kirche beschäftigt.
Besonders stark beansprucht wurden die etwa 30 Alumnen. Als Internatsschüler ständig erreichbar, hatten sie in erster Linie die Chorarbeit zu leisten. Der Kreuzchor zählte im 16. und 17. Jahrhundert insgesamt ca. 150 Sänger. Somit konnten die Kurrendaner in einzelne Gruppen aufgeteilt werden, was sie zeitlich etwas entlastete. Sie wohnten überwiegend bei ihren Eltern. Auswärtige genossen das Gastrecht der Verwandten bzw. befreundeter Familien.
In der Regel wurde einer der Schüler aus der ersten Klasse zum Regens alumnorum (Leiter der Alumnen) gewählt. Dieser hatte u. a. mit einer Sängergruppe einen Teil der einfachen Leichenbegängnisse zu übernehmen und für Ordnung im Haus sowie unter den Schülern zu sorgen. Zwischen 11 und 13 Uhr war die Mittagspause vorgesehen. Im 18. Jahrhundert mußten aber auch während dieser Zeit die Kreuzschüler „auf die Gassen“ singen gehen.

DER DRESDNER KREUZCHOR IM 18. JAHRHUNDERT

Das Kulturleben Dresdens erlebte im 18. Jahrhundert einen großen Aufschwung. Kultur und Kunst galten den sächsischen Kurfürsten als Mittel absolutistischer Repräsentation. Namentlich August der Starke, in Personalunion seit 1697 Kurfürst von Sachsen und König von Polen, war ein eifriger Förderer der Musik. Sie galt zwar für diesen Herrscher nur als „Teil der Gesamtmanifestation der Künste“. Doch erlangten während seiner Regierungszeit Kapell- und Opernkunst durch solche bedeutenden Persönlichkeiten wie Antonio Lotti, Johann David Heinichen und Johann Georg Pisendel großes Ansehen. Desgleichen wirkten in Dresden berühmte Opernsänger und Kammermusiker. Sie allesamt führten das Musikleben der Residenz auf eine Höhe, die europäische Geltung genoß. Dieses Niveau wurde auch unter den Nachfolgern Augusts des Starken gehalten. Es genügt hier, die Namen der berühmten Hofkapellmeister Johann Adolf Hasse und Johann Gottlieb Naumann (ein ehemaliger Kruzianer) zu nennen. Beide sind nicht nur als hervorragende Kapellmeister und Opernkomponisten in die Musikgeschichte eingegangen, sondern auch als Schöpfer zahlreicher Kirchenmusiken für die katholische Hofkirche, die durch den italienischen Baumeister Chiaveri von 1739 bis 1755 errichtet worden war.
Dieser Hochblüte höfischer Musikausübung stand im 18. Jahrhundert eine beachtliche bürgerliche Musikpflege gegenüber. Sie wurde von evangelischen Kantoren angeführt, welche die Musica sacra und auch weltliche Musik zur Aufführung brachten. Als wichtige Vertreter dieses städtisch-bürgerlichen Musiklebens sind die Kreuzorganisten, die Kreuzkantoren und der Kreuzchor zu nennen.
Nach dem recht unauffälligen Kreuzkantor BASILIUS PETRITZ (1694–1713) wirkte von 1713 bis 1720 JOHANN ZACHARIAS GRUNDIG als dessen Amtsnachfolger. Er wurde am 1. August 1669 in Berggießhübel geboren. Seine musikalische Begabung zeigte sich frühzeitig. Schon während der Studienzeit an der Universität Leipzig war Grundig wegen seiner schönen Altstimme so bekannt, daß ihn mehrere Hofkapellen als Sänger anforderten. Schließlich engagierte die Dresdner Kapelle den jungen Altisten. Als die Dresdner Hofkapelle infolge des Kon-

Das Theater auf dem Lincke-schen Bade, hier trat der Kreuzchor zu Singspielen auf.

fessionswechsels Kurfürst Augusts II. zur Ausführung der katholischen Kirchenmusik verpflichtet wurde, gab Grundig diese Stelle wieder auf und versah das Amt „eines Collega VI bei der Kreuzschule".
Dank seiner beruflichen Tüchtigkeit – er schickte dem Rat zu Dresden einige eigene Kirchenkompositionen zu – wurde Grundig zum Kreuzkantor gewählt. Als ausgezeichneter Sänger übernahm er oft selbst Solopartien in den von ihm aufgeführten Kantaten und sonstigen größeren Werken. Das bestätigt u. a. sein Zeitgenosse Christian Gerber: „Jetziger Zeit dirigirt die Music Hr. ... Grundig, Collega und Cantor bey dieser Schulen, und ein vortrefflicher Musicus Vocalis, der sich des Sonntags mit größtem Vergnügen der gantzen Gemeine hören lässet."[43]
Nachdem 1717 die große italienische Oper in Dresden gegründet war, wurden zur Verstärkung der Chöre einige Alumnen der Kreuzschule herangezogen. Sicherlich erfolgte dies nicht zuletzt auf Grund der guten Beziehungen Kantor Grundigs zur Kurfürstlichen Kapelle. Den mitwirkenden Kruzianern erschloß sich hiermit eine neue, völlig unbekannte Welt. Lebten sie bisher stark zurückgezogen, fernab von allem Glanz der aufblühenden Residenzstadt Dresden in ihren ärmlichen Alumnatsstuben, so hatten sie jetzt teil an den prächtigen theatralischen Ereignissen des sächsischen Hofes. Den Kruzianern bot sich nun die Chance, glanzvolle Opernaufführungen unter Antonio Lotti, dem Kapellmeister und Opernkomponisten von Weltruf, mitzuerleben. Sie konnten hier die damals berühmtesten Sänger sowie Orchestermusiker hören und sehen. Da der Chor zumeist erst an den Aktschlüssen auftrat, hatten die Kruzianer genügend Muße, Meisterwerke italienischer Opernkunst kennenzulernen und die sängerischen Spitzenleistungen der Künstler zu bewundern. Was mag wohl im Innern so manches Chorknaben vor sich gegangen sein? Sicherlich keimte in vielen der Wunsch, den Großen dieser Kunst nachzueifern. Wird nicht der Kreuzchor durch diese sich ihm erschließende neue Welt auch nach Verbesserung der eigenen Leistungen getrachtet haben? Seine weitere Entwicklung unter Leitung der nun folgenden Kantoren läßt dies jedenfalls vermuten.
Jene Zeit, in der Kantor Grundig in Dresden tätig war, dürfte ein wichtiger Markstein in der Geschichte des Kreuzchores gewesen sein. Nach nur siebenjähriger Amtszeit verstarb er am 14. Juni 1720.

Obwohl von ihm keine Kompositionen überliefert sind, erwarb sich Grundig durch seine vorzüglichen Qualitäten als Chorleiter und Pädagoge bleibende Verdienste. Diesem Kreuzkantor ist ferner eine einzigartige Kulturtat hoch anzurechnen: die Erhaltung und Rettung der Passionen von Heinrich Schütz. „Gegen Ende des 17. Jahrhunderts schrieb Grundig diese Werke mit kalligraphischer Sorgfalt ab."[44]

DIE BLÜTEZEIT EVANGELISCHER KIRCHENMUSIK IN DER KREUZKIRCHE IM 18. JAHRHUNDERT

Während der Amtszeit der Kreuzkantoren Theodor Christlieb Reinhold, Gottfried August Homilius und Christian Ehregott Weinlig erreichte der Kreuzchor einen hohen Stand künstlerischer Leistungen. Das vielfältige Wirken dieser Persönlichkeiten befruchtete nicht nur das Musikleben der Residenzstadt Dresden, sondern strahlte auch über die sächsischen Landesgrenzen hinaus. Die evangelischen Kantoren sahen die Pflege der deutschsprachigen Kirchenmusik als nationale Aufgabe an und schufen damit zugleich ein Gegengewicht zum herrschenden italienischen Operneinfluß am Dresdner Hof.

Nicht zuletzt verdient auch der soziologische Aspekt der Dresdner evangelischen Kirchenmusik Beachtung. Gegenüber der aristokratischen Repräsentationskunst (Dresdner Hofoper) sind die evangelischen Kantoren als Vertreter einer Musikkultur des aufstrebenden Bürgertums zu werten.

THEODOR CHRISTLIEB REINHOLD (1720–1755) trat sein Kantorenamt unter günstigen Bedingungen an. In den Jahren 1711 bis 1717 war die Kreuzkirchenorgel überholt worden. 1720 hatte die Sophienkirche, die zweite Wirkungsstätte des Kreuzchores, eine Silbermannorgel erhalten, und 16 Jahre später erfolgte die Einweihung der Silbermannorgel der seit 1726 im Bau befindlichen neuen Frauenkirche, der dritten Wirkungsstätte des Kreuzchors. Zwar konnte der Bau der Frauenkirche erst 1743 vollendet werden, doch fand der erste Gottesdienst in diesem sakralen Raum unter einer Holzabdeckung bereits im Februar 1734 statt. Außerdem standen Kreuzkantor Reinhold drei hervorragende Organisten zur Seite: Emanuel Benisch, Christian Heinrich Gräbner und Wilhelm Friedemann Bach. Reinhold scheint als Lehrer, Chorleiter und Stimmbildner der Kruzianer ein ausgezeichnetes pädagogisches Geschick besessen zu haben. Bei Antritt seines Amtes wurde ihm auch die Kirchenmusik in der Frauenkirche übertragen. Zudem hatte er besondere Passionsaufführungen in der Kreuzkirche zu leiten, die damals Donnerstag vor Judica, Donnerstag vor Palmarum und am Karfreitag stattfanden. Da aber die kirchenmusikalischen Verpflichtungen immer umfangreicher

Der Chor der alten Kreuzkirche (vor 1760), Spendung des Abendmahls

wurden, sah sich Reinhold gezwungen, den Chor durch freiwillige Kräfte aus der Bürgerschaft zu verstärken. Einmal im Jahr fand er diese „Stabilisten" mit einer „Collation" (Bewirtung) „in des Raths Breyh Hauße" ab. Die Mittel hierzu wurden durch eine Sammlung „unter dem auf den Chören der Kirche anwesenden Publikum" gedeckt. Reinhold hatte schon vor der Einweihung der Frauenkirche im Februar 1734 den Rat gegeben, ihm Teile der Einnahmen „von den Chören", d. h. von den auf den Emporen sitzenden Besuchern der Kirche, zu „genehmigen".

Anläßlich der Grundsteinlegung der Frauenkirche am 26. August 1726 hatte er „eine große Kantate komponirt, welche in zwei Theilen vor und nach der Predigt aufgeführt wurde. Sie begann mit den Textworten: ‚O Herr hilf! O Herr, laß alles wohlgelingen!'" Aus Anlaß der Rückkehr des Königs August II. von einer Reise nach Polen führte Reinhold 1727 „von oben eine mit Trompeten und Pauken besetzte Kantate auf, welche anhob ‚Gaude Dresda'". Der Kirchturm der Kreuzkirche war hierbei festlich illuminiert worden. Auch zum Ableben König Augusts erklang eine eigene Komposition, die Trauerode „Ach! weint ihr Cedern, heult ihr Tannen! Denn eure größte Zierde fällt." Weiter wird berichtet, daß zur Übergabe der Frauenkirche für den gottesdienstlichen Gebrauch Kreuzkantor Reinhold eine „angenehme Music" komponiert habe.

Soweit uns bekannt ist, war Reinhold der erste Dresdner Kreuzkantor, ja vielleicht überhaupt der erste deutsche evangelische Kantor, der den Echoeffekt aus einer räumlich entfernten Kirchenkuppel anwendete, um dadurch die musikalische Wirkung auf die Zuhörer zu erhöhen.

Wenn wir oben bemerkten, daß die evangelischen Kantoren im 18. Jahrhundert mit ihrer Kirchenmusik ein Gegengewicht zur höfischen italienischen Opernkunst setzen wollten, so wird dieser Prozeß durch die Bildung eines bürgerlichen Collegium musicum 1741 in Dresden unterstrichen, dessen Leitung Kreuzkantor Reinhold übernahm. Mit der Bildung dieses ersten bürgerlichen Dresdner Collegium musicum verhalf Kantor Reinhold dem zur Aktivität drängenden Bürgertum auf musikalischem Gebiet zum Durchbruch.

Die Übernahme des neuen Amtes, der gehäufte Schuldienst, das Kreuzkantorat, die kompositorische Tätigkeit und sonstige Verpflichtungen brachten eine starke Arbeitsüberlastung mit sich. Daher bat Reinhold

nach Erreichung des 60. Lebensjahres den Rat der Stadt um Befreiung vom Schuldienst. Seinem Gesuch wurde stattgegeben. Er mußte aber das Schulgeld der Kurrendaner abtreten und erhielt als Ausgleich eine Gehaltszulage von 40 Talern.
Für die Wertschätzung Reinholds spricht die drei Jahre vor seinem Tode erfolgte Beförderung zum Collega III. Allerdings hatte bei dem alternden Kantor die Chordisziplin nachgelassen, so daß ihm zuletzt nur die „regelmäßige Abhaltung der Gesangsstunden der Alumnen" zur Pflicht gemacht wurde. Am 24. März 1755 starb Reinhold.
Von den zahlreichen Kompositionen gab sein Schüler Johann Adam Hiller die Motetten „Herr, gehe nicht ins Gericht" und „Alle eure Sorge werfet auf den Herrn" heraus. Reinhold ist der erste Kreuzkantor gewesen, der den Titel eines „Director musices" erhielt.
Einer der bedeutendsten Dresdner Kreuzkantoren überhaupt war der Bach-Schüler GOTTFRIED AUGUST HOMILIUS[45] (1755–1785). Er hatte einen vorzüglichen Ruf als Organist, Chorleiter, Pädagoge und Komponist. Von 1742 bis 1755 wirkte er als Organist an der neuerbauten Silbermannorgel der Dresdner Frauenkirche, und von 1755 bis zu seinem Tode bekleidete er die Ämter des Dresdner Kreuzkantors, Collega V an der Kreuzschule und Director musices an den drei Dresdner Hauptkirchen.
Der Dresdner Kreuzchor erreichte unter Homilius' Leitung einen künstlerischen Leistungsstand, wie er vorher nicht zu verzeichnen war.
In die Amtszeit dieses Kreuzkantors fällt der Siebenjährige Krieg mit all seinen entsetzlichen Folgen, u. a. der Zwangsrekrutierung älterer Kruzianer und der Einäscherung der Kreuzkirche am 19. Juli 1760. Der Kreuzchor fand nun bis zum Jahre 1792 sein Hauptwirkungsfeld in der Dresdner Frauenkirche.
Die Verbindung des Kreuzkantorats mit dem Schulamt brachte für Homilius und seine Nachfolger eine starke Arbeitsbelastung mit sich. Laut Stundenplan hatte er wöchentlich 24 Stunden Unterricht zu erteilen (neben der Musik in Theorie und Praxis auch Latein und Griechisch). Den Schwerpunkt bildeten allerdings die musikalischen Disziplinen, darunter täglich eine Stunde „Exercitium musicum".
Homilius genoß als Pädagoge einen vorzüglichen Ruf. Aus seinem großen Schülerkreis gingen bedeutende Musiker hervor, u. a. Johann Adam Hiller, der spätere Singspielkomponist, Thomaskantor und Gewandhauskapellmeister, Daniel Gottlob Türk, der Verfasser einer berühmten Klavierschule, Johann Gottlieb Naumann, der spätere Dresdner Hofkapellmeister und Komponist, sowie der Singspiel- und Liederkomponist Johann Friedrich Reichardt.
Homilius hinterließ auch ein umfangreiches kompositorisches Werk, das neben einigen kammermusikalischen Opera nahezu alle Gattungen der evangelischen Kirchenmusik umfaßt. Hierzu gehören im einzelnen zahlreiche Orgelwerke, namentlich Choralbearbeitungen, ca. 60 Motetten, über 200 Kirchenkantaten, Oratorien und Passionsmusiken. Hinzu kommen einige Gelegenheitswerke. Vor allem die Orgelwerke, Motetten und Kantaten zählen zum Besten, „was in dieser Art die 2. Hälfte des 18. Jahrhunderts aufzuweisen hat" (Ph. Spitta).[46]
Das kompositorische Werk von Homilius spiegelt in besonderem Maße den Stilwandel evangelischer Kirchenmusik wider, der sich zu Lebzeiten dieses Kreuzkantors vollzog. Homilius wandte sich namentlich in seinen Vokalkompositionen dem von Carl Heinrich Graun vorgezeichneten Leitbild zu und erhob die Natürlichkeit und Volkstümlichkeit zu obersten Prinzipien. Sein Werk wurzelt einerseits stilistisch noch in der Bach-Händel-Zeit, weist aber andererseits mit wachsender kompositorischer Reife frühklassische Züge auf. Der Kreuzkantor ist neben Thomaskantor Doles auf kirchenmusikalisch-kompositorischem Gebiet als Hauptrepräsentant jener empfindsamen Übergangszeit anzusehen, in der heterogene Elemente zu einer vollwertigen künstlerischen Synthese verschmolzen. Seine Schaffensprinzipien entsprechen den damaligen, von der Aufklärungsbewegung geprägten ästhetischen Forderungen nach „Erbauung" und „edler Simplizität". Die Kontrapunktik verliert allmählich ihre Dominanz. Überwiegend homophoner Satz beherrscht die Arien und Chöre. Zu den zukunftsorientierten Stilmerkmalen zählen des weiteren Klarheit, Anmut und Gefälligkeit. Gegenüber der älteren Anschauung vom Einheitsaffekt gestaltet Homilius die Affekte in ihrer dynamischen Wandelbarkeit. Dynamische Kontraste gehören neben einer einfachen, flächigen Harmonik und einer sorgfältigen, auf den Wortsinn gerichteten Deklamation zu den hervorhebenswerten Merkmalen seiner Satzkunst. Homilius versah seine Werke mit liedhafter Volkstümlichkeit, empfindsamem Ausdruck und hoher Kunstfertigkeit, die ihm bald bei seinen Zeitgenossen Achtung und Anerken-

Gottfried August Homilius, Kreuzkantor von 1755 bis 1785

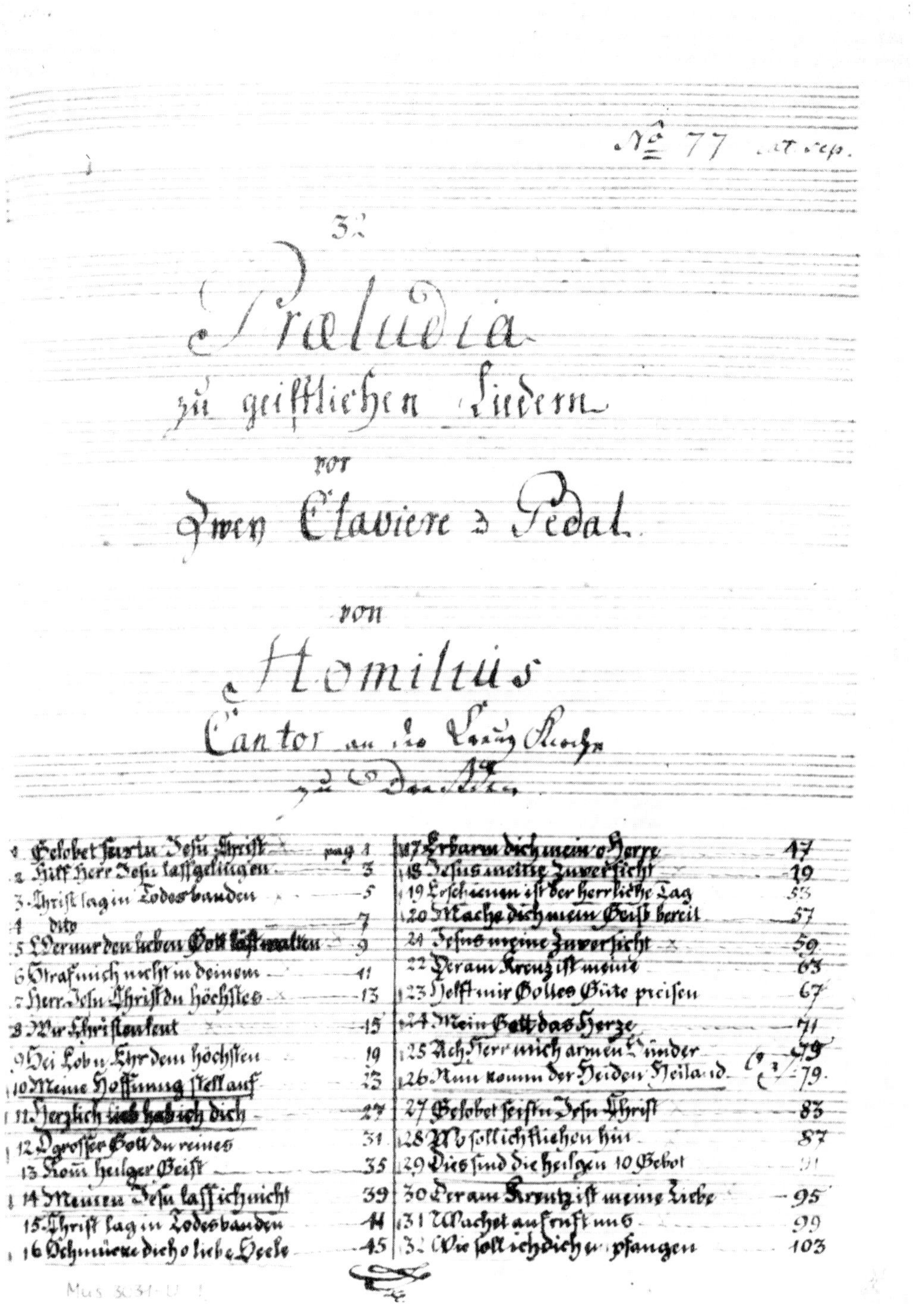

Zeitgenössische Handschrift der „Praeludia zu geistlichen Liedern“ von Homilius

Blick über die Empore in das Kirchenschiff während einer Vesper, Aufnahme nach der Ausgestaltung des Innenraumes im Jugendstil

Karfreitags-Oratorium 1906

in der

Kreuzkirche.

Mittelschiff № 016 Rechts.

Einlaß 1/4 6 Uhr. Anfang 6 Uhr. Ende gegen 1/2 9 Uhr.

Der Eingang ist durch die Türe **A** zu nehmen.

10 Minuten vor dem Schlusse der Aufführung werden die Kirchtüren geschlossen.

Der Kreuzchor im Jahre 1903

Chorgeschichte schlossen sich 1921, 1922, 1923 und 1927 erfolgreiche Chorreisen nach Holland an.
1926 wurde (wegen des ersten Weltkrieges mit zehnjähriger Verspätung) die 700-Jahr-Feier der Kreuzschule und des Kreuzchors begangen. Die Dresdner Staatsoper gab eine Festaufführung von Richard Wagners „Rienzi", dessen „Chor der Friedensboten" der Meister ursprünglich dem Kreuzchor zugedacht hatte. Die Vorstellung wurde musikalisch von Generalmusikdirektor Fritz Busch geleitet, dessen Sohn Hans die Kreuzschule besuchte. Bei dem hymnischen Finale des „Rienzi" ließ der Regisseur auf der Bühne der Oper einen blau-weißen Fahnenwald (die Farben der Kruzianer) einmarschieren: Es war ein unglaublicher Jubel. Eine Festschrift, Ausstellungen, ein Festakt im Schauspielhaus und Konzerte des Dresdner Kreuzchors bildeten den würdigen Rahmen der Feierlichkeiten. Doch dann kamen bald die Jahre der braunen Barbarei.

Der blinde Organist der Kreuzkirche Bernhard Pfannstiehl an seinem 70. Geburtstag am 18. 12. 1931

Der Kreuzchor 1920 mit Otto Richter auf dem Weg nach Schweden, Umsteigen in Berlin

DIE ÄRA RUDOLF MAUERSBERGER

Rudolf Mauersberger, Kreuzkantor von 1930 bis 1971

Kreuzkantor RUDOLF MAUERSBERGER (1930–1971) verschaffte durch viele Auslandsreisen, darunter 1935 und 1938 zwei USA-Tourneen, dem Kreuzchor das Prädikat „weltberühmt".
Das völkerverbindende Element der Musik, vermittelt durch junge Botschafter in blauen Konzertanzügen und weißen Schillerkragen, wurde dabei in verschiedenen Besprechungen als wesentlicher Erfolg der Reisen hervorgehoben.
Der eigentliche Grund für die Erfolge und außergewöhnlichen Triumphe der Kruzianer im Ausland wurde aber in Dresden gelegt. Mauersberger ging zielbewußt daran, das Chorrepertoire zu erweitern und Meisterwerke alter bzw. neuer Vokalmusik in die Programme aufzunehmen. Zwei Schwerpunkte zeichneten sich bereits in den Anfangsjahren seines Kantorats ab: die Pflege des Werkes von Heinrich Schütz und die Förderung neuester Kompositionen von Hugo Distler, Günter Raphael, Ernst Pepping, Kurt Thomas u. v. a. m. Es verging kaum eine Kreuzchorvesper, in der nicht ein zeitgenössisches Werk uraufgeführt oder eine Novität vorgestellt worden wäre. Dieser Praxis blieb Mauersberger bis an sein Lebensende treu.

Aus dem Tagebuch eines Schülers während der Überfahrt nach Amerika

24. März 1935

Nach dem Kaffee hatten wir noch eine tüchtige Probe, danach wurde Gottesdienst in einem Aufenthaltsraum der ersten Klasse gehalten. Ein Pfarrer aus Ungarn schilderte, wie wir schon soviel mal um Unglücke auf der See gekommen wären und wie dankbar wir dafür sein müßten. Vorher hatten wir aus der Motette „singet dem Herrn" einige Stellen gesungen, wovon der Pfarrer und die Schiffsgemeinde ganz ergriffen waren.
Nach dem Mittagessen probten wir nochmals tüchtig für New York und dann kam der spannende Augenblick, an dem wir das erste Festland sahen. Leider brach dann auf einmal ein Schneesturm an und wir mußten ankern.
Aber wir waren schon in einem Meeresarm nach Halifax zu, deshalb sahen wir zur Rechten wie zur Linken Festland und zwar schöne, verschneite Häuser, Wälder und Bergkuppen. Wir konnten das Bild so richtig genießen. Bald bis zum Anbruch der Dunkelheit wütete der Schneesturm, dann endlich ließ er nach. Trotzdem dauerte es noch eine ganze Zeit bis wir weiterfuhren, denn unsere Anker waren in einem Meereskabel verfitzt . . .
Bei Halifax mußten wir wieder eine Weile warten, denn das kleine Passagierboot, das die Verbindung zwischen uns und Halifax herstellte, war noch nicht da. . . .
Nun endlich kam es mit Volldampf heran. Wir sahen uns an wie die Passagiere verschifft wurden, dann aber gingen wir in unsere Kabinen, denn da oben war viel Wind und winterliche Kälte. . . .
Jetzt aßen wir Abendbrot. Wir hatten jeder zwei Knallbonbons bekommen und zogen immer zu zweit an einem. Ich zog mit dem Herrn Kantor!
In meinen Knallbonbons waren eine geschmückte Klette zum Anwerfen und eine kleine Pfeife darin. Andere hatten Papiermützen, Fingerringe usw. darin.
Bald war dieser interessante Tag vorbei.

Zu den Höhepunkten in der Geschichte des Kreuzchores in den dreißiger Jahren gehören die beiden Amerikareisen von 1935 und 1938. Die Überfahrt 1938 auf der „Europa", der Kreuzchor singt zur Feierstunde des ersten Advents.

Bezüglich der Heinrich-Schütz-Pflege zeichnete sich das besondere Anliegen Mauersbergers ab, alle erreichbaren Werke des Sagittarius aufzuführen. Die Schützpflege des Kreuzchors, dokumentiert durch Heinrich-Schütz-Tage des Kreuzchors, Schützfeste, Schallplatten- und Rundfunkaufnahmen, fand seither internationale Beachtung und Anerkennung.
Zu den musikalischen Höhepunkten in Mauersbergers Amtszeit zählten des weiteren die Aufführungen der Bachschen Passionen, der H-Moll-Messe (mehrmals auch gemeinsam mit dem Thomanerchor) und des Weihnachtsoratoriums. Aber auch viele andere Meisterwerke der chorsinfonischen Weltliteratur brachte Mauersberger mit den Kruzianern zu Gehör.
Dieser Dresdner Kreuzkantor übertrug dem Kreuzchor zudem wesentlich mehr außerkirchliche Aufgaben als seine Vorgänger im Amt. Genannt seien hier die Saalkonzerte, Zwingerserenaden, Auftritte im Kurpark Weißer Hirsch und im Großen Garten.
Doch bald schwang der zweite Weltkrieg seine furchtbare Geißel über Stadt und Land. Unter unvorstellbaren Schwierigkeiten, immer öfter von Fliegeralarm gestört, wurden die Proben und Vespern des Kreuzchors fortgesetzt. Musikalische Auftritte in der Dresdner Umgebung gestalteten sich unter der zunehmenden Kriegsmisere, Verdunkelungen, eingeschränkten Verkehrsbedingun-

Schnelldampfer „EUROPA" — Kapitän C. W. Hagemann

Musikalische Adventsfeier

am I. Advent 1938

um 21.30 Uhr in der Gesellschaftshalle der Kajüten-Klasse
unter gütiger Mitwirkung vom
Dresdner Kreuzchor
Leitung: Professor Rudolf Mauersberger
(Knaben- und Männerstimmen)
und der gesamten Bordkapelle

Musical Advents Festival

on the I. Advent 1938

at 9.30 p. m. in the Social Hall Cabin Class
with kind cooperation of the
Dresdner Kreuzchor
Conductor: Professor Rudolf Mauersberger

S. S. "EUROPA" — — Captain C. W. Hagemann

Vor der Kreuzschule 1931

gen usw. sehr kompliziert. Da brach am 13. Februar 1945 mit voller Wucht die Kriegsfurie auch über Dresden herein. Binnen weniger Stunden war die Innenstadt vollständig vernichtet. Kreuzkirche und -schule, Alumnat, Notenbibliothek und Chorarchiv wurden ein Raub der Flammen. Was kaum faßbar erschien, 10 Kruzianer und 3 Pfarrer der Kreuzkirche fanden in der Katastrophennacht den Tod. Grenzenlose Hoffnungslosigkeit bemächtigte sich der mit dem Leben Davongekommenen. Die Kruzianer flohen und verloren den Kontakt, und der nahende totale Zusammenbruch Hitler-Deutschlands ließ keinen Glauben an einen Wiederbeginn der Kreuzchorarbeit aufkommen.

Ein erschütterndes Dokument der damaligen Situation und Stimmung ist die Motette „Wie liegt die Stadt so wüst, die voll Volks war", die Rudolf Mauersberger auf den biblischen Text der Klagelieder des Propheten Jeremia am Karfreitag 1945 komponierte. Bereits wenige Wochen nach dem Bombenangriff versuchte der ins Erzgebirge geflüchtete Kreuzkantor, wieder Verbindungen mit seinen Sängerknaben zu bekommen und einen Neuaufbau des Chores zu wagen. Bald nach dem 8. Mai 1945 bemühten sich sowjetische Kulturoffiziere gemeinsam mit den damaligen deutschen Behörden darum, das kulturelle Leben in der Elbestadt wieder in Gang zu bringen und für den Kreuzchor eine neue Existenzgrundlage zu schaffen. Dank der tatkräftigen Initiative des damaligen Dresdner Oberbürgermeisters Dr. Rudolf Friedrichs, der selbst ehemaliger Kreuzschüler war, wurde der Keller einer nur teilweise zerstörten Oberschule in Dresden-Plauen als Notunterkunft für den Kreuzchor eingerichtet. Am 4. August 1945 konnte in der ausgebrannten Kreuzkirche die erste Nachkriegsvesper veranstaltet werden. Am 17. Februar 1947 gelang es, das ehemalige Freimaurer-Institut auf der Eisenacher Straße für den Chor zu „erobern". Zum Einzug in das neue Alumnat vertonte Mauersberger den Wahlspruch der alten Kreuzschule „Schola crucis, schola lucis ..." als vier- bis achtstimmige Motette. Die Uraufführung durch den Kreuzchor erfolgte am 17. Februar 1947.

1959 wurden Chor, Schule und Internat wieder unter einem Dach vereint. Die Reisen

des Kreuzchors fanden recht bald wieder statt, zunächst sogenannte „Freßreisen“, wobei in den Hungerjahren die fruchtbare Lausitz bei den Kruzianern äußerst beliebt war, dann seit 1947 auch Tourneen durch die damaligen Westzonen. Nach 1951 absolvierten die Kruzianer alljährlich größere Auslandsreisen. Nachdem die Kreuzkirche 1955 wieder benutzt werden konnte, stand auch dem Kreuzchor eine eigene „Heimstätte“ für vielfältiges kirchenmusikalisches Wirken zur Verfügung. 1955 begründete Mauersberger die Dresdner „Heinrich-Schütz-Tage“. In demselben Jahre stiftete er im rechten Vorraum der Kreuzkirche die Heinrich-Schütz-Kapelle, zu der auch eine Kleinorgel gehört. Seit den 50er Jahren wurde die weltweite Popularität der Kruzianer durch Rundfunk- und Fernsehsendungen sowie durch Schallplattenaufnahmen noch erhöht. Viele Schallplattenfirmen führen eine Vielzahl von Kreuzchoraufnahmen in ihrem Repertoire. Werke von Heinrich Schütz, Johann Sebastian Bach und zeitgenössischen Komponisten haben hierbei einen Ehrenplatz. Mauersbergers musikalische Vielseitigkeit zeigte sich nicht zuletzt in seiner schöpferischen Tätigkeit als Komponist. Neben einer Fülle von Motetten, weltlichen Chören, Volksliedbearbeitungen und Chorzyklen stehen einige größere kirchenmusikalische Werke, die besondere Beachtung verdienen und die sich auch heute noch als aussagekräftig erweisen: Das „Dresdner Requiem“, die „Lukaspassion“ und die „Geistliche Sommermusik“.
Am 22. Februar 1971 verstarb Rudolf Mauersberger. Es ist und bleibt sein großes historisches Verdienst, den Dresdner Kreuzchor über die schwere Zeit des zweiten Weltkrieges hinübergerettet und dafür gesorgt zu haben, daß der älteste Kulturträger der Stadt Dresden uns allen und dem internationalen Musikleben erhalten blieb.

Rudolf Mauersberger und der Kapitän der „Europa“, rechts im Bild Theo Adam als Kruzianer

Auf der Orgelempore der Kreuzkirche
Die Orgel und der reiche plastische Schmuck sind seit der Zerstörung von 1945 nicht mehr vorhanden.

DER DRESDNER KREUZCHOR VON 1971 BIS ZUR GEGENWART

Nach dem Ableben Mauersbergers wurde am 1. April 1971 MARTIN FLÄMIG vom Rat der Stadt Dresden zum Leiter des Dresdner Kreuzchors berufen und durch die Kreuzkirchgemeinde zugleich als Kreuzkantor bestätigt. Wenig später erfolgte seine Ernennung zum Generalmusikdirektor. Flämig knüpft als Kreuzkantor bewußt an die besten Traditionen dieses Instituts an. Das zeigt sich u. a. in der Programmgestaltung. Werke der musikalischen Weltliteratur aus Vergangenheit und Gegenwart werden gleichermaßen berücksichtigt. Im Unterschied zu seinem Amtsvorgänger scheint er jedoch auf die Pflege chorsinfonischer Kompositionen größeres Gewicht zu legen. Ansonsten ist die kontinuierliche Weiterverfolgung des von Mauersberger eingeschlagenen Weges zu beobachten. Unter Flamigs Leitung unternahm der Kreuzchor Auslandsreisen in zahlreiche europäische Länder und nach Japan. Auch bei vielen internationalen Musikfesten, bei Bachfesten und den Heinrich-Schütz-Festtagen 1972 und 1985 wirkten die Kruzianer mit. In den letzten Jahren brachte der Kreuzchor Kompositionen u. a. von Hindemith, Stravinsky, Adolf Brunner, Luc Balmer, Paul Constantinescu, Max Butting, Udo Zimmermann, Siegfried Köhler, Paul Dessau und Rainer Kunad zur Ur- bzw. Erstaufführung. Auch verschiedene von Mauersberger nicht berücksichtigte klassische und romantische Chorwerke nahm Martin Flämig neu in das Kreuzchor-Repertoire auf, z. B. Haydn- und Schubert-Messen. Flämig pflegt seit jeher eine Musizierhaltung, die das Wesentliche der Werke aufzuspüren trachtet. Er äußerte sich dazu in einem Interview folgendermaßen: „Es soll das erklingen, was der Komponist aussagen möchte. Darum muß unbedingt so objektiv wie möglich musiziert werden. Aber auch die beste und schönste Musik bleibt leblos und wirkt langweilig, wenn nicht ein persönliches Engagement hinzukommt. Mir geht es um die Einheit von sachlicher Nüchternheit und echtem Enthusiasmus, um eine Einheit von Kopf und Herz, Verstand und Gefühl."
Der Dresdner Kreuzchor und die Dresdner Kreuzschule haben über viele Jahrhunderte ihre Kontinuität bewahrt. Das 775jährige Jubiläum beider Institute wird im April 1991 mit einer Festwoche begangen. Möge der stolzen Vergangenheit eine glorreiche Zukunft folgen!

Gesamtansicht der neuen Orgel der Gebr. Jehmlich, Dresden Aufnahme aus dem Jahre 1964

DIE 26 EVANGELISCHEN KREUZKANTOREN

1540–1553	Sebaldus Baumann, geb. um 1515 zu Nürnberg
1553–1560	Johannes Selner, geb. um 1525 zu Nabburg
1560–1561	Mag. Andreas Lando, geb. (?) zu Spremberg
1561–1585?	Andreas Petermann, geb. (?) zu Dresden
1585–1586	Mag. Caspar Füger, geb. um 1551 zu Dresden
1586–1589	Basilius Köhler, geb. (?) zu Altenberg
1589–1606	Bartholomäus Petermann, geb. (?) zu Dresden
1606–1612	Christoph Lisberger, geb. (?) zu Dresden
1612–1615	Mag. Samuel Rühling, geb. um 1586 zu Groitzsch
1615–1625	Mag. Christoph Neander, geb. 1589 zu Leipzig
1625–1654	Michael Lohr, geb. 1591 zu Marienberg
1654–1694	Jacob Beutel, geb. 1624 zu Niedergrund
1694–1713	Basilius Petritz, geb. 1647 zu Großenhain
1713–1720	Johann Zacharias Grundig, geb. 1669 zu Berggießhübel
1720–1755	Theodor Christlieb Reinhold, geb. 1682 zu Eppendorf
1755–1785	Gottfried August Homilius, geb. 1714 zu Rosenthal
1785–1813	Christian Ehregott Weinlig, geb. 1743 zu Dresden
10. 8. bis 24. 10. 1813	Gottlieb August Krille, geb. 1779 zu Wehlen
1814–1817	Christian Theodor Weinlig, geb. 1780 zu Dresden
1818–1822	Christian Friedrich Hermann Uber, geb. 1781 zu Breslau
1822–1828	Friedrich Wilhelm Agthe, geb. 1796 zu Sangerhausen
1828–1875	Ernst Julius Otto, geb. 1803 zu Königstein
1875–1906	Prof. Friedrich Oskar Wermann, geb. 1840 zu Neichen
1906–1930	Prof. D. Otto Richter, geb. 1865 zu Ebersbach
1930–1971	Prof. D. Dr. Rudolf Mauersberger, geb. 1889 zu Mauersberg
ab 1971	Prof. Martin Flämig, geb. 1913 in Aue

ANMERKUNGEN

1 Vgl. die grundlegende Darstellung von *Karl Held,* Das Kreuzkantorat zu Dresden. Nach archivalischen Quellen, Leipzig 1894, und Hans John, Der Dresdner Kreuzchor und seine Kantoren, 2. Aufl., Berlin 1987.
2 *Karlheinz Blaschke,* Geschichte Sachsens im Mittelalter, Berlin 1990, S. 367.
3 *Magirius, Heinrich,* Wirkungsstätten des Kreuzchores im alten Dresden, in: Sächsische Heimatblätter, H. 1, 1989, S. 4.
4 *Löscher, Hermann,* Stadtkirche – Wallfahrtskirche – Hauptpfarrkirche zum Heiligen Kreuz 1200–1875. In: 750 Jahre Kreuzkirche zu Dresden, Berlin 1965, S. 15.
5 *Codex Diplomaticus Saxoniae Regiae,* 2. Hauptteil, V. Band, Urkundenbuch der Städte Dresden und Pirna, Leipzig 1875, No. 83, S. 67 f.
6 *Magirius,* a. a. O., S. 4.
7 Ebd.
8 Codex Diplomaticus Saxioniae Regiae, a. a. O., No. 71, S. 142 f.
9 *Löscher,* Stadtkirche . . ., a. a. O., S. 15.
10 *Blaschke,* a. a. O., S. 338.
11 Ebd.
12 *Herrmann, Matthias,* Untersuchungen zur Geschichte der Dresdner Hofmusik zwischen 1464 und 1541, phil. Diss. Leipzig 1987 maschr., S. 120.
13 *Held,* a. a. O., S. 4 f.
14 *Löscher, Hermann,* Kreuzkantorat, Kreuzchor und Kreuzalumnat zu Dresden, in: Zeitschrift der Savigny-Stiftung für Rechtsgeschichte, 72. Kanonist. Abt. XLI, Weimar 1955, S. 200.
15 Hans von Mergenthal, Gruendliche und wahrhafftige beschreibung Der Loeblichen und Ritterlichen Reise und Meerfahrt in das Heilige Land nach Hierusalem des . . . Herrn Albrechten, Hertzogen zu Sachsen, Leipzig 1586, S. 259.
16 *Herrmann,* a. a. O., S. 121.
17 Ebd.
18 *Held,* a. a. O., S. 4.
19 *Flade, Paul,* Neue Sächsische Kirchengalerie. Die Ephorie Dresden I, Leipzig (1906), Sp. 126.
20 Ebd., Sp. 129.
21 *Richter, Otto,* Zeitgenössische Aufzeichnungen über die Einführung der Reformation in Dresden, in: Dresdner Geschichtsblätter, 1, 1892, S. 43 f.
22 *Magirius,* a. a. O., S. 6.
23 Ebd.
24 Ebd., S. 7.
25 Ebd.
26 *Held,* a. a. O., S. 6.
27 *Neubert, H. M.,* Melanchthon und die Stadt Dresden, 1860, S. 31, zit. nach Held, a. a. O., S. 17.
28 *John, Hans,* Die Dresdner Kirchenmusik in der ersten Hälfte des 17. Jahrhunderts, in: Heinrich Schütz und die Musik in Dänemark zur Zeit Christians IV. Bericht über die musikwiss. Konferenz in Kopenhagen 10.–14. November 1985, Kopenhagen 1989, S. 89 ff.; Held, a. a. O., S. 40.
29 *Held,* ebd., S. 168.
30 Vgl. *Moser, Hans Joachim,* Heinrich Schütz, 2. Aufl., Kassel und Basel 1954, S. 251 und S. 611 (= SWV Anh. 2).
31 *Held,* a. a. O., S. 165 ff.
32 Ebd., S. 60.
33 Ebd., S. 63.
34 Ebd., S. 168.
35 Ebd.

36 *Steude, Wolfram,* in: Musikgeschichte Dresdens in Umrissen, Dresden (Sächsische Landesbibliothek) 1978, S. 20.
37 Ebd., S. 11.
38 *Neue Sächsische Kirchengalerie,* a. a. O., Sp. 452.
39 *Held,* a. a. O., S. 70.
40 Ebd., S. 71; *Magirius,* a. a. O., S. 7.
41 *Held,* ebd., S. 72.
42 Ebd., S. 50.
43 *Gerber, Christian,* Die unerkannten Wohlthaten Gottes in dem Churfürstenthum Sachsen, zit. nach Held, a. a. O., S. 81.
44 *Held,* a. a. O., S. 83.
45 Siehe: *John, Hans,* Der Dresdner Kreuzkantor und Bach-Schüler Gottfried August Homilius, Tutzing 1980.
46 *Spitta, Philipp,* Johann Sebastian Bach, Bd. 2, Leipzig 1921, S. 725.
47 Zit. nach *Held,* a. a. O., S. 124, Anm. 1.
48 Zit. nach *Heinrich Miesner,* Philipp Emanuel Bach in Hamburg, phil. Diss. Berlin 1929, S. 89.
49 *Held,* a. a. O., S. 149.
50 *Scheumann, Alwin Richard,* Julius Otto. Sein Leben und Wirken, Dresden 1904, S. 53.
51 *Kunath, Herbert,* Beiträge zur Chronik der Kreuzschule und des Kreuzchors zu Dresden, Teil 2, Ms., Dresden 1988, S. 10.

WEITERFÜHRENDE LITERATUR

Begegnungen mit Rudolf Mauersberger, Dankesgabe eines Freundeskreises zum 75. Geburtstag des Dresdner Kreuzkantors, hrsg. von *E. H. Hofmann und I. Zimmermann.* 1. Aufl., Berlin 1963; 6. Aufl., Berlin 1977.

Hofmann, Erna Hedwig, Capella sanctae crucis. Der Dresdner Kreuzchor in Geschichte und Gegenwart, Berlin 1956.

Hofmann, Erna Hedwig, Der Dresdner Kreuzchor, Leipzig 1962.

Herrmann, Matthias, In Grenzen des Tolerierbaren? Kreuzkantor Rudolf Mauersberger im Spannungsfeld des sozialistischen Apparates, in: DIE UNION, Unabhängige Tageszeitung für Politik, Kultur, Wirtschaft und Sport, Dresden, ab 7. 2. 1990 in Fortsetzungen.

Die Kreuzkirche zu Dresden, hrsg. von *Gerhart Wendelin,* 3. Aufl., Berlin 1973.

Rudolf Mauersberger, 1889–1971, Protokoll der Wiss. Konferenz anläßlich des 100. Geburtstages des Dresdner Kreuzkantors, in: Dresdner Hefte, 8. Jahrg., H. 2 (1990), Beiträge zur Kulturgeschichte 22.

Müller, Georg Hermann, Geschichte der Kreuzschule zu Dresden vom 13. Jahrhundert bis 1926, Leipzig 1926.

Wustmann, Gustav, Alumneumserinnerungen. Von einem alten Kreuzschüler, Leipzig 1890.

Matthias Herrmann

DER DRESDNER KREUZCHOR UNTER DEN BEIDEN DIKTATUREN DES 20. JAHRHUNDERTS

Befaßt man sich mit dem Kreuzchor und der Kreuzschule nach 1932, also mit den Jahren des Nationalsozialismus und danach des „realen Sozialismus", dann erhält man anhand eines diffizilen Gegenstandes auch Einblick in Besonderheiten zweier Regime. Der sich ausbreitende Grundkonflikt liegt in der Gegensätzlichkeit zwischen staatlich-zentralistischer Machtausübung und kirchlichem Recht, das geschichtlich gewachsen ist. Jede der beiden genannten Ideologien ist bestrebt gewesen, den Kreuzchor zu vereinnahmen.

„Das Alumneum der Chorschüler", so heißt es in einem Rechtsgutachten[1], „war eine geistliche Stiftung und ist als solche noch 1932 vom Rat der Stadt Dresden anerkannt worden, denn dieser hat die zwischen der Stadt einerseits und der Kreuz- und der Frauenkirche andererseits im Jahre 1878 bzw. zwischen der Stadt und der Kreuzkirche im Jahre 1898 geschlossenen Abkommen über die Verwaltung des Alumneums und der Kurrende, über die von der Kirche zu leistenden Zuschüsse und über den kirchlichen Dienst des Kantors und der Alumnen und Kurrendaner als ungekündigt, mithin als noch geltend bezeichnet."

Der Kreuzkantor, für die Vokalpflege an der Kreuzkirche verantwortlich, zugleich jedoch Angehöriger des Lehrerkollegiums der Schule, war städtischer Angestellter. Rudolf Mauersberger, Kreuzkantor zwischen 1930 und 1971, wurde ebenso wie sein Nachfolger Martin Flämig – im September 1990 stellte er sein Amt für eine öffentliche Ausschreibung zur Verfügung – von der Stadt Dresden besoldet.

Galt die kirchliche Bindung des Kreuzchores immer aufgrund geschichtlicher Legitimation als gesichert, so wurde diese im Zuge nationalsozialistischer Gleichschaltung zum Gegenstand harter Auseinandersetzungen.

Mauersberger bei der Probenarbeit

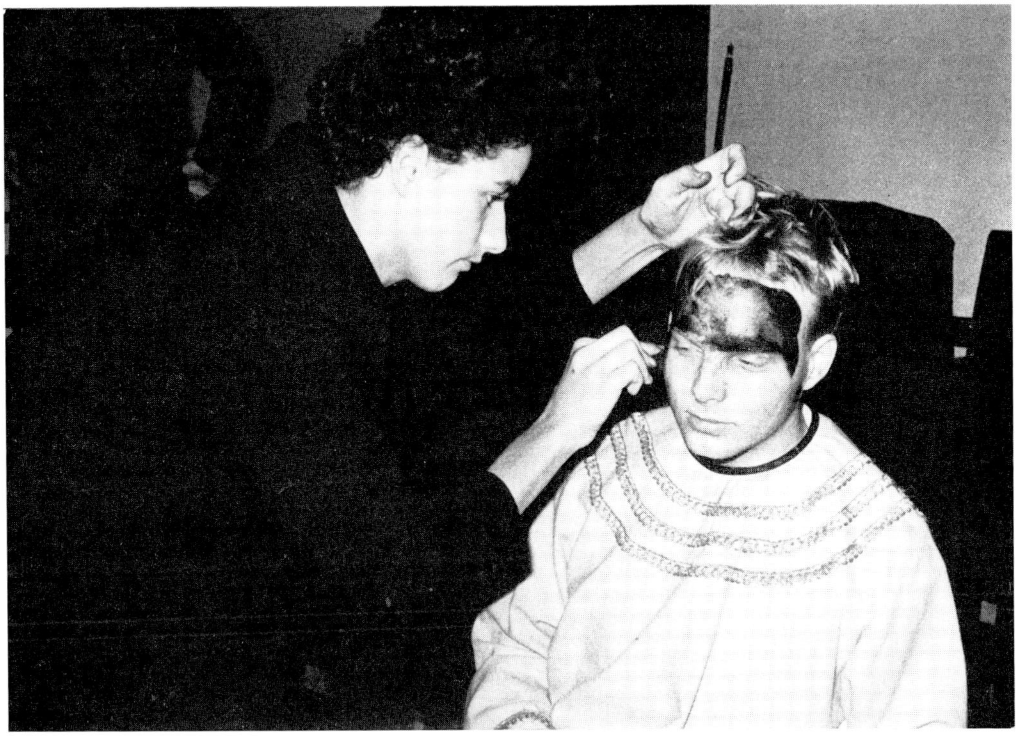

Christmette in der Kreuzkirche, die Chorsänger werden für den Auftritt geschminkt.

Christvesper mit dem Chor in traditioneller Kurrendetracht

Dennoch gelang es Mauersberger, den Chor über die NS-Zeit zu führen.
Die ersten Dresdner Jahre Mauersbergers brachten dem Chor interpretatorisch und klanglich, bezüglich des Repertoires wie der Wirksamkeit über Dresden hinaus einen spürbaren Aufschwung. Auslandsreisen waren dabei Höhepunkte, so 1935 und 1938 in die USA – gerade zu dem Zeitpunkt, als sich der Schrecken der „Reichskristallnacht" über Deutschland ausbreitet. Mauersberger wurde eine Stelle angeboten, die er ausschlug. Das Im-Lande-Bleiben von Künstlern, ihre Zugeständnisse, die um der Sache willen notwendig waren, sind zu werten als Weiterführung des künstlerischen und kommunikativen Auftrages, in Beziehung zu den realen Alltags-Umständen.
Die NS-Bildungspolitik, einschließlich der HJ, machte vor dem Kreuzgymnasium nicht halt. So entstand auch für den Kreuzchor ein eigenes „Fähnlein", und es war nicht zu umgehen, daß der Chor dergestalt in Erscheinung trat.
Rudolf Mauersberger hielt sich, soweit möglich, von derartigen Unternehmungen fern. Am 12. 10. 1942 schrieb er an Pfarrer Rudolf Decker[2]: Einer der „beiden Gründe, die mich zur Verlängerung meines selbstgenommenen Urlaubs veranlaßten, . . . ist das HJ-Treffen mit Singen in der Staatsoper". Bei einer anderen „Feierstunde der Hitler-Jugend" am 7. März 1943, in der erste Kräfte der Staatsoper Dresden unter Leitung Dr. Meyer-Giesows den Schlußchor aus Beethovens 9. Sinfonie musizierten, waren zwar die Namen Maria Cebotari, Helena Rott, Kurt Böhme, Werner Liebing, Gerhart Portloff, dazu Chöre der Hitlerjugend sowie die Sächsische Staatskapelle auf dem Programmzettel abgedruckt, der Name des Kreuzkantors fehlt jedoch, obwohl der Kreuzchor die „Fest- und Gedenksprüche" von Brahms gesungen hat.
Rudolf Mauersberger wirkte persönlich am 1. Dezember 1942 an der Eröffnungsveranstaltung der „Berliner Chorkonzerte der Hitler-Jugend 1942/43" in der Philharmonie mit, ihm ging es dabei anscheinend um übergreifende künstlerische Belange, weil im gleichen Konzert auch die Thomaner unter Günther Ramin und die Wiener Sängerknaben unter Ferdinand Großmann auftraten. Dieses Konzert bot zugleich eine Chance, an ex-

ponierter Stelle die eigene Sicht aufs weltliche Chorschaffen darzutun. Neben Madrigalen von Waelrand und Lasso leitete Mauersberger „neue Lieder", d. h. Chöre von Ernst Pepping und eigene, darunter das „Pfeifen" nach Hermann Hesse, sowie zwei Chöre von Wagner und Weber „aus der großen Vergangenheit Dresdens". Auch keiner der anderen Chöre sang Werke mit nationalsozialistischer Tendenz.
Im Frühjahr 1937 wurde Mauersberger durch den NS-Staat, somit offiziell die Arbeit eines Kirchenmusikers anerkennend, der Professorentitel verliehen. Ein halbes Jahr später, im Oktober 1937, trat der Kreuzchor auf dem „Fest der evangelischen Kirchenmusik" in Berlin auf. Der Chor wirkte neben zwei kirchlichen Veranstaltungen (Festgottesdienst mit liturgischer Aufführung der „Deutschen Liedmesse" von Wolfgang Fortner sowie Konzert u. a. mit der Motette „Die Liebe ist langmütig und freundlich" von Eberhard Wenzel) auch im Hauptkonzert in der Philharmonie mit, in dem u. a. Hugo Distlers Cembalokonzert und die Motette „Wachet auf, ruft uns die Stimme" auf dem Programm standen. Hans Böhm hat miterlebt, wie kurz vor Konzertbeginn das Goebbels-Ministerium die Forderung erhob, die Werke Distlers abzusetzen. Alle beteiligten Künstler – der Dirigent und Präsident der Reichsmusikkammer Peter Raabe, der Cembalist Walter Kraft und Mauersberger – blieben standhaft.[3]
Erich Roeder schrieb daraufhin im „Angriff" Berlin[4]: „Bei dem von der Staatskapelle ausgeführten philharmonischen Sonntagmittagskonzert des Kirchenmusikertreffens . . . kam (es) zu einem allgemeinen Ärger bei Hugo Distlers Konzert für Cembalo, einem ausgesprochenen Beitrag zur entarteten Kunst." Und der Kreuzchor wurde gleich gar nicht erwähnt. Mauersberger reagierte auf seine Weise: Er dirigierte Distlers Motette mehrfach auf der sich anschließenden Skandinavientournee.
Als Angehöriger des Lehrerkollegiums des Kreuzgymnasiums trat der Kreuzkantor, wie viele seiner damaligen Kollegen, der NSDAP bei. Auf Auslandsreisen gab es schwierige Situationen zu überstehen, die der Gratwanderung im eigenen Lande nicht nachstehen. Einige Beispiele:
Die triumphal sich gestaltenden Tourneen durch die USA waren schon hinsichtlich der Programmauswahl bemerkenswert. Auf beiden Tourneen wurden Komponisten vorgestellt, die in Deutschland „verfemt" waren; so 1935: Werke von Felix Mendelssohn Bartholdy, Arnold Mendelssohn, Erwin Lendvai sowie drei Jahre später: Motetten von Günter Raphael und Distler. Daß der Chor nach Bekanntwerden der deutschen Pogrome an jüdischen Menschen kaum mehr als „Sendbote eines besseren Deutschlands" in Erscheinung treten konnte, wird nur indirekt aus einem Brief des Kreuzkantors[5] deutlich: „Zwischen uns Reisebegleitern arge Spannungen und Gereiztheit. Sie können nicht nachfühlen, welch entsetzliche Gefühle das sind. Aber nicht klagen. Es ist vorbei und konnte noch viel schlimmer kommen."
Über den bereits erwähnten Komponisten G. Raphael, dessen Werk Mauersberger trotz „Rassengesetzgebung" aufführte, wurde im November 1938 erneut scharf geurteilt[6]: „Raphael ist Halbjude und hat als solcher keinen Platz im deutschen Musikleben."
Nicht etwa nur der Einsatz für jüdische Komponisten war mit Risiken verbunden. Auch slawische Komponisten konnten je nach politischer Lage „unerwünscht" sein – Probleme, die mit Kreuzchor-Aufführungen von Dvořáks „Stabat mater" in den Jahren 1938, 1941 und 1943 verbunden waren, belegen dies.
Obwohl Mauersberger in seiner Repertoiregestaltung keine Abstriche zuließ, erscheint es ungewöhnlich, daß die Machthaber gerade bei einem Komponisten versuchten, unnachgiebig zu sein, dessen Stellung unverrückbar ist: bei Johann Sebastian Bach. Die vom Kreuzkantor konzipierten „Bachtage", im

Konfirmation von Kreuzschülern 1950 mit Pfarrer Ulrich von Brück

Heinrich-
Schütz-
Tage
des Dresdner
Kreuzchors
1958

Singen in der Heinrich-Schütz-Kapelle der Kreuzkirche 1964

Mai 1941 im Rahmen des „Dresdner Musiksommers“ veranstaltet, widmeten sich in sieben Veranstaltungen (einschließlich Kreuzchorvesper und Gottesdienst!) dem Thema „Bach und Dresden“. Eine Reaktion blieb nicht aus. An den befreundeten Pfarrer Rudolf Decker[7] schrieb Mauersberger daraufhin im Sommer 1941: „Ich habe meine letzte Hoffnung begraben. Krauss[8], der mit dem Gauleiter Sachsens[9] eng befreundet ist, hat mir einen ganzen Tag lang die Gelegenheit gegeben, mich gründlich mit ihm auszutauschen. Das Ergebnis: ich soll keinerlei Kirchenmusik mehr machen, auch keine Passionen mehr, sonst sei mir nicht zu helfen ... Zunächst mache ich die Bachschen Passionen weiter, weil ich diese stolzen Erzeugnisse deutschen Geistes mit zu hüten und zu beschützen habe vor neuen Geistern, die die Bedeutung dieser Schöpfungen nicht einmal ahnen. Im übrigen habe ich tüchtig gearbeitet. Die von mir durchgearbeitete Mosersche Schütz-Biographie[10] wird der Ausgangspunkt für eine Schütz-Offensive gegen diese erschreckende Unkenntnis werden. Sie kennen ja meine Niedertracht: Wenn ich gehackt werde, hacke ich wieder. Nächsten Donnerstag gehts in Dresden wieder los. Bis dahin will ich noch Kräfte sammeln.“ Das Ergebnis? Bis zur Zerstörung Dresdens im Februar 1945 veränderte Mauersberger nichts am Repertoire des Kreuzchores: Geistliches und Weltliches alter Meister, einschließlich Schütz und Bach, A-cappella-Werke und Oratorien aus dem 19. wie 20. Jahrhundert (darunter viele Ur- und Erstaufführungen[11]).

1965, Mauersberger dirigiert das Weihnachtsoratorium von Johann Sebastian Bach. Mitwirkende: Dresdner Philharmonie, Kreuzchor, Prof. Herbert Collum am Cembalo und Peter Schreier, Tenor

NACH DEM KRIEG

Nach der Zerstörung der Stadt kämpfte der Kreuzkantor wiederum um die Wahrung des historisch Gewachsenen, wobei es dabei nicht nur um die Aufbauarbeit im materiellen Sinne ging. Auf Anregung der Sowjetischen Militäradministration (SMA) übernahm die Kreuzkirchgemeinde ein Drittel der Kosten des Kreuzchores.[12] Sie finanzierte bis ins Jahr 1972, als diese Regelung im Zuge der Verstaatlichung des Chores nach Mauersbergers Tod aufgehoben wurde, ein Institut mit, das Teil einer sozialistischen Oberschule war.
Schien das Bestreben, den Kreuzchor als einen „evangelischen Klangkörper" zu bewahren, der zugleich „städtische Vokalkapelle" ist, zunächst als gesichert, so wurde der Status des Chores immer gefährdeter durch das Erstarken sozialistischer Machtverhältnisse.
Kompromisse des Kreuzchores um seines Überlebens willen wurden als Dauererfolg durch die neuen Machthaber verbucht. Wie es in Mauersbergers Innerm aussah – selten gab er so offen Einblick – geht aus seinem gedruckten Dankschreiben nach dem 60. Geburtstag hervor: „Wenn Glückwünsche tatsächlich glücklich machen könnten, so hätte Ihr Bemühen um mein Kantorendasein seinen Zweck erfüllt. Der Tag war für mich in jeder Beziehung so bitter ernst, daß ich ihn am liebsten unbeachtet gesehen hätte.

Zu den Traditionen des Chores gehört das Pfingstsingen nach der Vesper vor der Kreuzkirche.

Da dies nicht möglich war, habe ich das Ganze lediglich als Opfer für die Sache des Kreuzchores empfunden. Aus den überwältigend vielen Zuschriften aber glaube ich die ernste Mahnung herauslesen zu müssen, das nach außen hin so angenehm erscheinende Amt weiterzuführen, um manchem die ersehnte seelische Erbauung zu geben.“ Mit der Annahme des Nationalpreises der DDR im Bachjahr 1950 versuchte Rudolf Mauersberger, dem Kreuzchor Wege für eine allumfassende Verbesserung in materieller und ideeller Hinsicht ebnen zu helfen.[13] Folgt man jedoch einem kurz darauf verfaßten Memorandum, dann zeigt sich, daß eine Änderung der Lage nicht in Sicht war.[14] Einerseits bezeichnete man die auswärtigen Erfolge des Kreuzchores als „Sendboten der jungen DDR“, war aber andererseits nicht gewillt, sich in die besonderen Probleme dieses Klangkörpers hineinzudenken. Dazu Mauersberger: „Es möchte einem tragisch erscheinen, daß mit der höchsten Auszeichnung, die die DDR mir und damit auch dem Kreuzchor verliehen hat, gleichzeitig von mir der künstlerische Bankrott des Kreuzchores angemeldet werden muß.“
Die Verwendung des Preisgeldes in der Höhe von 50 000 Mark erlaubt Rückschlüsse auf emotionelle Verwurzelungen des Kreuzkantors. So stiftete er das Geld für den Wiederaufbau einer Wehrkirche in Mauersberg, seinem erzgebirgischen Heimatort, um seinen Eltern und letztlich sich selbst ein Denkmal zu setzen.

Der Männerchor des Kreuzchores bei der Serenade im Schloßpark Rammenau

Konzert im Münster von Bad Doberan

Auftritt während des Choriner Musiksommers mit dem Berliner Sinfonieorchester

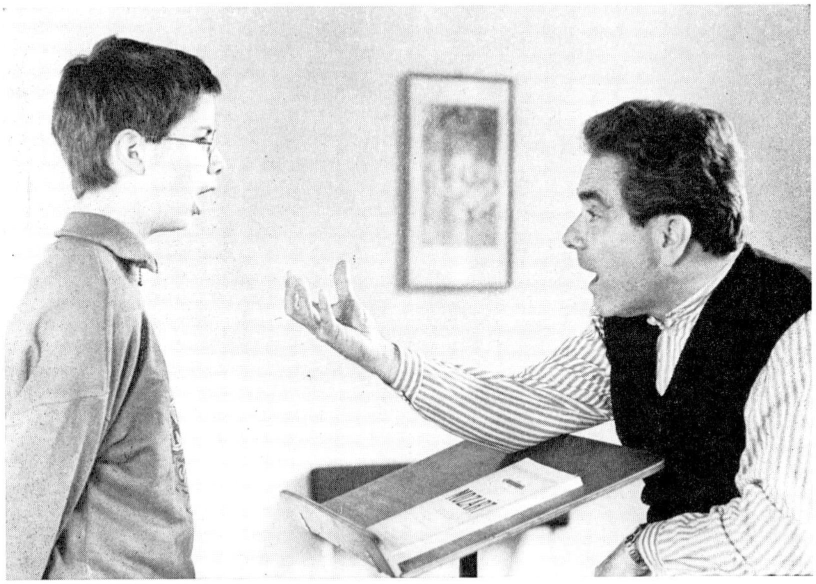

Musikalische Ausbildung in der Kreuzschule beinhaltet für die Chorsänger die Chorproben, die Stimmbildung und den Instrumentalunterricht.

Sein gewachsenes Renommee ermöglichte es Mauersberger, vom Staat angefeindete Kollegen zu unterstützen, etwa den christlich verbundenen Alumnatsinspektor Arthur Gebauer.
1956 wurden in Dresden festliche Wochen begangen, an denen der Kreuzchor teilnahm. „In dem offiziellen Veranstaltungsplan der Stadt für die 750-Jahr-Feier" – schrieb Prof. Mauersberger an den Rat der Stadt[15] – „ist bewußt etwas ausgelassen worden, was für jeden Musikkundigen im In- und Auslande ein Begriff ist: die Kreuzchorvesper in der Kreuzkirche. Ich meine damit nicht die allwöchentliche Kreuzchorvesper – obwohl auch diese im Festmonat Juni in den Veranstaltungsplan gehört hätte –, sondern lediglich die festliche Vesper im Rahmen des Internationalen Heinrich-Schütz-Festes, die eine Reihe von Neu- und Erstaufführungen bringt. Der Einwand, daß diese Weglassung ‚weltanschauliche Gründe' habe, kann nur gelten bei Mette und Gottesdienst, niemals aber bei dieser rein künstlerischen Angelegenheit, nämlich der Kreuzchorvesper. In Leipzig ist so etwas einfach undenkbar, daß man eine Thomanermotette in der Thomaskirche, die den gleichen Aufbau und die gleiche Bedeutung hat, einfach totschweigt. Ich habe mich daher gezwungen gesehen, meinen Austritt aus dem Festkomitee für die 750-Jahr-Feier zu erklären."
Auch ins kompositorische Schaffen Rudolf Mauersbergers flossen Reflexionen seiner Erfahrungen mit beiden Diktaturen ein. Die kirchliche Kruzianer-Tradition versuchte er auch visuell nachvollziehbar zu machen: mit liturgischen Kurrendemänteln samt Kragen in kirchenzeitlich wechselnden Farben. Zu Beginn von Vespern an hohen Feiertagen ziehen Chorsänger in den erwähnten Gewändern mit Kerzen vor den Altar der Kreuzkirche und singen im Wechsel mit dem Hauptchor an der Orgel. In den 60er Jahren wurden diese liturgischen Zeremonien auf die allsonntäglichen Gottesdienste in der Kreuzkirche ausgeweitet.
Über die Grundlagen dazu schrieb Mauersberger[16]: „Gerade 1936, das schicksalsschwere Jahr nationalsozialistischer Radikalisierung, bringt die eigentliche Festlegung der ‚Christvesper' in ihrer neuen, eng an die kirchlich-liturgische Form angeschlossenen Gestalt sowie die Einführung eines liturgischen Christmettenspiels der Alumnen nach erzgebirgischem Vorbild . . . Das genannte Jahr ist mit diesen Neueinführungen als Ausgangspunkt der für den Gesamtstil des Kreuzchores charakteristisch gewordenen

Das Fußballspiel Kreuzchor gegen Thomanerchor ist schon zu einer Tradition geworden. Bevor der Ball rollt, wird gemeinsam gesungen.

Die Chorschüler geben ihren Quartiereltern in Hildburghausen ein Abschiedsständchen, der erste Chorpräfekt dirigiert.

liturgischen Arbeit zu bezeichnen." Diese führte direkt zu den nach 1945 entstandenen liturgisch konzipierten Werken wie der „Lukaspassion", dem „Dresdner Requiem" oder der „Geistlichen Sommermusik".
Auch konzertante Werke des Kreuzkantors nahmen auf Befindlichkeiten im Lande Bezug. In der im Januar 1953 konzipierten „Motette vom Frieden", einem „Auftragswerk" des Verbandes Deutscher Komponisten, wählte Mauersberger biblische Texte, die um Aufrichtigkeit ringen, vor Gewalt warnen: „Das ist's aber, das ihr tun sollt: Rede einer mit dem anderen die Wahrheit und richtet und schafft Frieden in euren Toren ... Ich will Frieden geben eurem Lande, daß euch niemand schrecke, und soll kein Schwert durch euer Land gehen. Sie werden ihre Schwerter zu Pflugscharen und ihre Spieße zu Sicheln machen."
Nach der Zerstörung des gemeinsamen Gebäudes am 13. Februar 1945 waren Kreuzchor und Kreuzschule für 14 Jahre räumlich getrennt, was immense praktische Probleme heraufbeschwor. So konnte Mauersberger den damaligen Kulturminister Johannes R. Becher von der Notwendigkeit einer Internatsschule des Kreuzchores überzeugen, die 1954 gegründet wurde. Ihre Daseinsberechtigung entfiel schließlich mit der Zusammenlegung von Schule und Chor in einem Gebäude fünf Jahre später.
1959 richtete der Leipziger Komponist Wilhelm Weismann folgende Worte an den Kreuzkantor[17]: „Es ist für uns alle ein gutes Gefühl, einen Mann von Ihrer Bedeutung, von Ihrem Können unter uns zu wissen."
Und Thomaskantor Kurt Thomas schrieb[18]: „Ihre Gedanken werden sich heute auch mit der gegenwärtigen Situation der kirchenmusikalischen Arbeit und deren Aussichten für die Zukunft beschäftigen. Wenn uns auch die augenblickliche Lage der Kirchenmusik und ihre Einengung in der DDR mit Besorgnis erfüllen mag, so dürfen wir doch hoffen, daß die endgültigen Entscheidungen von denjenigen Kräften getroffen werden, die erkannt haben, daß Kirchenmusik einen Hauptpfeiler jeder musikalischen Kultur bildet."
Das letzte Lebensjahrzehnt Mauersbergers war bestimmt vom Eingeschlossensein der DDR-Bürger, von einem sich verstärkenden psychischen Druck auf die Bevölkerung, von hartem Durchgreifen gegen Andersdenkende. Die Menschen, die seine Konzerte besuchten, fanden sich nicht nur in der Art zu musizieren und im Stil seiner liturgiegebundenen Kompositionen wieder, sondern auch in der Repräsentanz einer christliche Werte verkörpernden Persönlichkeit. Er selbst war sich bewußt, trotz fortschreitender Abgrenzung eine unteilbare deutsche Kulturlandschaft zu repräsentieren.
Die Kruzianer der sechziger Jahre vertrauten ihrem Chef vor allem auch deshalb, weil er ihnen inmitten des ideologischen Spannungsfeldes an der Kreuzschule beistand, dem auch sie als Schüler des sozialistischen Bildungssystems unterlagen.
Die von Vertretern des Staates gern für sich in Anspruch genommene „Förderung des Kreuzchores" konnte im Einzelfall weniger förderlich aussehen, dann nämlich, wenn die Mitgliedschaft im Kreuzchor – in Zeugnissen als „wertvolle gesellschaftliche Arbeit" ausgewiesen – für eine Studienbewerbung negative Folgen hatte. Und so sah sich Mauersberger gezwungen, bei Hochschulen bezüglich solcher Abiturienten Fürsprache einzulegen, die aufgrund ideologischer Vorbehalte bzw. überhöhter Strafen keinen Studienplatz erhalten haben. Mehrfach, nicht immer, konnte der auch in den sechziger Jahren mit hohen staatlichen Orden dekorierte Kreuzkantor korrigierend in den Lebenslauf von Kruzianern eingreifen.[19]
Das Abschotten der DDR hatte auf den Kulturprozeß nicht ausschließlich negative Folgen, förderte es doch Verhaltensweisen zutage, die, so merkwürdig es klingen mag, der Konzentration auf hohe künstlerische Ziele dienlich waren. So ist es vielleicht erklärbar, warum der Kreuzchor in den 60er Jahren einen künstlerischen Höhepunkt erreichen konnte. Von geringen Ausnahmen abgesehen, gehörten nach dem Mauerbau Tourneen großen Stils der Vergangenheit an. Mit leichter Ironie äußerte sich Mauersberger im Februar 1967 in einem Brief an den Thüringer Landesbischof Mitzenheim[20]: „Auch die erhoffte Auslandsreise, die uns dieses Jahr nach der Schweiz und nach Österreich versprochen war, ist jetzt eben nach vielem Warten und Verschieben endgültig abgesagt worden, wie schon das in Aussicht gestellte Singen in Dänemark. So müssen wir eben im Lande bleiben und uns redlich nähren."
Die mehrfach verschobene Tournee nach Österreich und in die Schweiz kam schließlich im März 1968 zustande. Die künstlerischen Erfolge waren groß. Sechs ältere Kruzianer kehrten allerdings nicht zurück.
Gleich nach Rückkehr des Chores wurde das Alumnat für drei Tage geschlossen. Die Staatssicherheit begann sich umzusehen. Hausnachbarn beobachteten, wie man sich im Dienstzimmer des Kreuzkantors zu

Der Kreuzchor tritt während der Dresdner Musikfestspiele im Stallhof des Schlosses auf.

schaffen machte. Eine gespannte Atmosphäre entstand. Mauersberger versuchte zu überspielen. Wie auch sonst berichtete er während der Proben über Auseinandersetzungen mit dem Schuldirektor und gab seinen Schülern Einblick in den Zwiespalt seiner Situation. Das schuf eine tiefe Vertrauensbasis, auch wenn Mauersberger nicht selten mit überholten Methoden der Pädagogik für Disziplin gesorgt hatte.

Die Belastungen, gerade nach der Österreich/Schweiz-Tournee, waren für den 79jährigen zu groß. Im Sommer jenes Jahres brach er gesundheitlich zusammen. Er erholte sich nur langsam, der Zustand blieb wechselhaft, was dennoch einer weit beachteten Aufführung der h-moll-Messe anläßlich des 43. Deutschen Bachfestes im Dezember 1968 in der Elbestadt nicht im Wege stand.

Anläßlich des 80. Geburtstages überbrachte Kulturminister Klaus Gysi die Gratulation des Ministerpräsidenten Stoph[21]: „Die Erfolge, die Sie als Chorleiter und Chorerzieher erreichten und die Sie in vielen Konzerten im In- und Ausland unter Beweis stellten, sind eine würdige Repräsentanz der Deutschen Demokratischen Republik."

Szenenwechsel am gleichen Tag: Nachmittägliche Kaffeetafel mit den Kruzianern und den Mitarbeitern von Schule und Internat. Da ging es noch mit vorwurfsvollen Blicken seitens der Erzieher ab, als zu Beginn der Feier Männerchoristen ihrem Kantor den Wahlspruch der alten Kreuzschule „Schola crucis, schola lucis, Imus, Domine, quo ducis" in jenem Satz zusangen, den er ihnen selbst Jahre zuvor gewidmet hatte. Künstlerisch bedeutsamer dagegen ist die Vertonung des gleichen Textes für gemischten Chor, die anläßlich des Einzugs des Chores ins neue Gebäude auf der Eisenacher Straße im Februar 1947 ihre Uraufführung fand.

Drei Jahrzehnte später setzte der Direktor der „Erweiterten Oberschule" Kreuzschule die SED-Bürokratie in Gang, um eine Veröffentlichung dieser Motette beim VEB Deutsche Schallplatten Berlin zu verhindern. Das Verbot dieses Werkes, in dem sich Mauersberger zur jahrhundertealten Geschichte von Kreuzschule und -chor bekennt, legt eine besonders starre Traditionsfeindlichkeit offen.

Als Rudolf Mauersberger verstorben, auch die Verstaatlichung des Kreuzchores bereits durchgesetzt war, versuchte man auch, das altehrwürdige Kreuzkantorat personell aufzuspalten, indem man neben den Kreuzkantor einen „Leiter des Kreuzchores" setzen wollte. Aber mit Mauersbergers Nachfolger im Kantorat, Prof. Martin Flämig, war eine so grundlegende Strukturveränderung wie die Aufspaltung des Kreuzkantorats nicht zu machen, so sehr dies von ihm nach Annahme des Titels eines Generalmusikdirektors hätte erwartet werden können. Dennoch bleiben die angestrebten Veränderungen in Konturen bis in jüngste Zeit sichtbar, wenn Prof. Flämig bei Aufführungen in der Kirche als „Kreuzkantor" und im weltlichen Rahmen (zum Beispiel im Kulturpalast) als „GMD Professor" bezeichnet wurde.

Mit der Übernahme der Gesamtfinanzierung des Kreuzchores durch die Stadt wurden „linientreue" Genossen in Ämter gehoben. So zunächst vom Direktor der Kreuzschule, der 1982 die neu geschaffene Stelle des „Direktors für den Kreuzchor" übernahm.[22] Kruzianer stellten sich der Verstaatlichung ihres Chores entgegen. Ein „streng vertraulicher" Bericht des Stadtbezirksschulrates von Dresden-Ost vom Dezember 1971[23] gibt entsprechende Äußerungen von Chormitgliedern

Einzelprobe beim Kantor Ulrich Schicha

Mitwirkung des Altarchores in Kurrendetracht beim Gottesdienst und in der Vesper

wieder: „‚Seit Amtsantritt von Prof. Flämig hat es prinzipielle Veränderungen in der Tätigkeit des Chores gegeben. Der Chor verliert nach und nach seinen Status als Kirchenchor und wird damit seiner Funktion als Instrument der kirchlichen Mission nicht mehr gerecht.' Die Choristen sagen, unter Prof. Mauersberger wäre diese Funktion im ständigen Kampf mit den staatlichen Organen so gut es ging durchgesetzt worden. Die Choristen empfinden es als störend, daß Prof. Richter und Prof. Flämig in der Führung von Schule und Chor übereinstimmen . . ." An der Aufgabenstellung des Kreuzchores änderte sich jedoch äußerlich kaum etwas. Die Kruzianer waren samstags in der Vesper der Kreuzkirche zu hören, gestalteten sonntägliche Gottesdienste, des weiteren jährlich in liturgisch althergebrachter Form „Christvesper", „Christmette" und „Ostermette" – was bereits heute als Verdienst kirchlicher Amtsträger wie des Kreuzkantors selbst bezeichnet werden kann. Wie in einem Brief vom Jahre 1985 ausgeführt[24], griff Prof. Flämig in dieser Hinsicht ganz bewußt die Tradition auf: „Im Gegensatz zu den Thomaskantoren hat es Rudolf Mauersberger verstanden, den Kreuzchor fest in den Gottesdienst zu integrieren. Ohne diese Einwurzelung in die christliche Gemeinde wäre es mir nicht möglich, bei aller Offenheit für die sich verändernde Welt und die daraus erwachsenden neuen Aufgaben, alles so zu erhalten, wie es überkommen ist."

Nach einigen Jahren war es dem Kreuzchor aufgrund einer gewissen kulturpolitischen Entkrampfung wieder möglich, auch im westlichen Ausland zu konzertieren (so auch erstmals seit 1961 in der Bundesrepublik). Belastungen im Vor- und Nachfeld solcher Reisen bestanden weiterhin. Aber glücklicherweise mußte der gesamte Chor nicht mehr durch jahrelanges Reiseverbot dafür büßen, wenn Kruzianer von Tourneen nicht zurückkehrten.

Auch für Martin Flämig gilt, was bereits angedeutet worden ist: Das Innehaben einer hohen Amtsstellung zuzeiten einer Diktatur ist ohne Kompromisse nicht möglich.

Der Kreuzchor und die Dresdner Philharmonie in der Kreuzkirche (1979 mit Prof. Flämig)

ANMERKUNGEN

1 Rechtsgutachten vom 4. Juni 1952 (Archiv der Kreuzkirche Dresden)

2 Brief von Rudolf Mauersberger an Rudolf Decker vom 12. Oktober 1942 (Privatbesitz)

3 Hans Böhm: Rudolf Mauersberger in Ausnahme- und Krisensituationen seines Lebens und Schaffens; in: Rudolf Mauersberger, Protokoll der Wissenschaftlichen Konferenz anläßlich des 100. Geburtstages des Kreuzkantors, hrsg. von Hans John und Matthias Herrmann, Dresdner Hefte 8 (1990) 2, S. 31

4 In: „Der Angriff", Berlin vom 11. Oktober 1937

5 Brief von Rudolf Mauersberger an Rudolf Decker vom 8. 12. 1938 (Privatbesitz)

6 In: „Die Musik", Berlin 31 (1938) 2 vom November 1938; Zitiert nach *Fred K. Prieberg*, Musik im NS-Staat, Frankfurt a. M. 1983, S. 285

7 Karte von Rudolf Mauersberger an Rudolf Decker vom August 1941 (genaues Datum unerwähnt; Privatbesitz)

8 Gemeint ist der Schwarzenberger Industrielle Krauss, den Mauersberger über den Erzgebirgsverein kennengelernt hatte.

9 Der Gauleiter Sachsens hieß Mutzschmann.

10 *Vgl. Moser, Hans Joachim:* Heinrich Schütz. Sein Leben und Werk. Kassel 1936

11 *Vgl. Herrmann, Matthias:* Rudolf Mauersberger und die zeitgenössische Kirchenmusik; in: Standpunkt, Evangelische Monatszeitschrift Berlin 6 (1979) 1, S. 22 ff. sowie 6 (1979) 2, S. 51 ff.

12 *Hermann Löscher:* Kreuzkantorat, Kreuzchor und Kreuzalumnat zu Dresden in: Zeitschrift der Savigny-Stiftung für Rechtsgeschichte, Weimar 72 (1955), S. 262

13 *Vgl. Erna Hedwig Hofmann:* Die Krisenzeit des Dresdner Kreuzchores in: Sachsenspiegel, Unabhängige Wochenzeitschrift für Politik, Kultur und Wirtschaft, Nr. 51/52 vom 21. Dezember 1990, S. 23

14 *Rudolf Mauersberger:* Memorandum; ohne Datum (Dezember 1950; Archiv der Kreuzkirche Dresden)

15 Brief Rudolf Mauersbergers an den Dresdner Oberbürgermeister vom Frühjahr 1956, ohne Datum
(Archiv der Kreuzkirche Dresden)

16 *Rudolf Mauersberger:* Kompositionen von Rudolf Mauersberger, Überblick über ihre Entstehung, Manuskript, 1948, S. 4 f. (Autorisierte Abschrift im Besitz des Verfassers)

17 Brief von *Wilhelm Weismann* an Rudolf Mauersberger vom 4. Februar 1959 (Privatbesitz)

18 Brief von *Kurt Thomas* an Rudolf Mauersberger vom 28. Januar 1959 (Privatbesitz)

19 *Vgl. Matthias Herrmann:* In Grenzen des Tolerierbaren? Kreuzkantor Rudolf Mauersberger im Spannungsfeld des sozialistischen Apparates, in: Die Union, Unabhängige Tageszeitung für Politik, Kultur, Wirtschaft und Sport. Dresden vom 7. bis 28. Februar (in 15 Folgen). Folge 8–10.
Dort sind entsprechende Dokumente veröffentlicht.

20 Brief von *Rudolf Mauersberger* an Moritz Mitzenheim vom Februar 1967 (Archiv des Landeskirchenamtes Thüringen)

21 Brief von *Willi Stoph* an Rudolf Mauersberger vom 29. Januar 1969 (Archiv der Kreuzkirche Dresden)

22 *Vgl. Gottfried Richter,* Zur kulturpolitischen Entwicklung des Dresdner Kreuzchores von 1945 bis zur Gegenwart; in: Rudolf Mauersberger, Protokoll der Wissenschaftlichen Konferenz, a. a. O., S. 74–76

23 Vorläufiger Abschlußbericht des Stadtbezirksschulrates Studienrat Pohl (Rat des Stadtbezirkes Ost der Stadt Dresden, Abteilung Volksbildung) über besondere Vorkommnisse an der EOS Kreuzschule vom 20. 12. 1971
(Archiv der ehemaligen SED-Bezirksleitung Dresden)

24 Brief von *Martin Flämig* an Rudolf Decker vom 25. 5. 1975 (Privatbesitz). Vgl. auch Martin Flämig, Rudolf Mauersbergers 40jähriges Kreuz-Kantorat – Fundament der Entwicklung des Dresdner Kreuzchores ab 1971; in: Rudolf Mauersberger, Protokoll der Wissenschaftlichen Konferenz, a. a. O., S. 8–10

Frau Erna Hedwig Hofmann (Berlin) sowie Herrn OKR i. R. Rudolf Decker (Dresden) gilt für wertvolle Hinweise und Einsichtnahme in dokumentarisches Material mein verbindlichster Dank.

Prospect der vom König Augusto
gezierten Elb=